KB155645

디지털 혐오와 시민성

이론과 사례

이 저서는 2021년 대한민국 교육부와 한국연구재단의 지원을 받아 제작되었습니다.
(과제번호: NRF-2021S1A5C2A02088387)

디지털 혐오와 시민성

이론과 사례

· · · · ·

금희조 l 정민웅 l 유용민 l 박현지 l 박윤미 l 김소영
김선아 · 김지희 · 라유빈 · 민웅기 l 김선영 l 임인재

성균관대학교
출판부

디지털 혐오와 시민성: 이론과 사례

디지털 시대, 이용자들이 온라인 플랫폼을 활용하여 다양한 정보와 의견을 주고받게 된 것은 정보 접근을 민주화하고 더 많은 사람들이 다양한 의견을 표현하게 되었다는 측면에서 우리 사회에 매우 긍정적인 역할을 하고 있습니다. 그러나 그 과정에서 타인의 의견을 이해, 존중하는 태도가 결여되거나 시민성이 잘 정립되지 않은 환경이 조성되면서, 디지털 혐오 현상이 최근 몇 년간 소셜 미디어를 통해 급증하고 빠른 전파력으로 전 세계 이용자들의 인격과 인권을 심각하게 침해하는 사례가 많아졌습니다. 디지털 미디어상에서 차별과 혐오 표현, 온라인 괴롭힘, 가짜 뉴스와 콘텐츠 등의 문제는 개인적인 고통뿐 아니라 사회 전반에 걸쳐 문화적 갈등, 정치적 불안정, 사회 분열 및 양극화 등을 야기하고 있어 신뢰에 기반한 인간 공동체의 본질을 위협하고 있는 상황입니다. 최근에는 여기에 AI 기술을 이용한 딥 페이크 등이 결합되면서 문제는 더 복잡해지고, 기술적 법적으로 효력 있는 현실적 해결책을 찾는 것이 더 어려워졌습니다.

디지털 혐오 문제를 적극적으로 해결하기 위해서는 다양한 학문적 접근과 이론을 통해 현상을 명확히 규정하고, 실제 사례에 대한 심도 있는 분석이 우선되어야 합니다. 현재 여러 국가에서 디지털 혐오 및 허위 정보 등을 방지하기 위해 기술적, 정책적 노력을 기울이고 법적 제재를 강화하고자 하는 움직임은 많이 나타나고 있습니다. 플랫폼 기업들이 디지털 혐오 발언과 유해 콘텐츠를 기술적으로 차단하는 알고리즘을 사용하고 있고 모니터링을 위한 인력도 많이 동원되고 있습니다. 그러나 이용자들은 이러한 제한을 우회하는 기술적 방법을 찾기도 하고, 유해 콘텐츠를 장시간 과도하게 감시해야 하는 업무로 인해 모니터링 인력에 대한 인권 침해가 또 다른 사회 문제로 대두되기도 했습니다. 법적 제재에 있어서도 표현의 자유 범위, 유사 관련 법과의 중복, 국가별 문화적 법적 기준 차이 등이 문제가 되고 있습니다.

디지털 혐오 문제를 본질적으로 해결하기 위해서는 사후적인 규제에 의존하는 것보다 이용자들의 시민성 정립이 가장 중요하고, 이를 위한 다각적인 탐구와 국제적 협력이 필요합니다. 이는 문제 해결에 가장 중요한 요소임에도 불구하고, 많은 사회적 노력이 기술적, 법적 제재에 집중되고 있어 디지털 시민성의 개념과 증진에 관한 학문적 탐구가 부족한 상황입니다. 본 저서는 디지털 시대에 필요한 시민성을 학문적으로 정립, 제시하여 인간 공동체 차원에서 자발적으로 혐오 문제를 해결하기 위한 교육과 대응책을 제시하고 학자, 정부, 정책 입안자, 민간단체 등에 그 방향을 제시하는 데 목적을 두었습니다. 디지털 미디어 이용자들이 시민성을 정립하여 상호 존중하는 공동체 문화 속에서 더 자유롭게 다양한 의견을 나눌 수 있는 데 기여하기 바랍니다.

본 저서는 디지털 혐오와 시민성에 관한 이론적 관점과 실제 이슈 및 사례 분석으로 총 8장으로 구성했습니다. 1장부터 3장까지는 디지털 혐오와 시민성의 개념에 대해 학문적으로 정의하고, 선행연구 검토를 통해 이론적 논의를 담았습니다. 4장부터 7장까지는 디지털 혐오와 시민성 관련 다양한 현실 이슈를 소개하고 사례에 대한 분석을 제시하였습니다. 8장은 마지막으로, 본 저서에서 제안하는 디지털 혐오에 대한 과학적 측정 도구를 제안하였습니다.

먼저 1장은 온라인 혐오를 학문적으로 정의하고, 그 원인이 되는 개인적 요인과 매체적 요인을 이론적으로 검토하였습니다. 2장에서는 디지털 시민성을 개념화하고, 윤리학적 관점에서 전통적 이론 관점의 한계를 제시하며 네트워크 시대의 다양한 도덕적 이슈 쟁점의 성격을 논의하였습니다. 3장은 미디어의 영향력과 혐오에 취약한 디지털 네이티브 세대에 왜 미디어 리터러시와 시민성이 필요한지 다양한 문헌 검토를 통해 논의하였습니다.

4장에서는 AI 환경, 동영상 추천 알고리즘, 소셜 미디어 등 다양한 맥락에서 디지털 미디어 리터러시 교육의 실제적 이슈에 관해 소개했습니다. 5장은 디지털 네이티브 부모의 셰어런팅 문화, 어린이 개인정보 보호 등의 실제 이슈를 중심으로 부모의 리터러시 교육 방향을 제시하였습니다. 6장에서는 대학입시 온라인 커뮤니티 〈오르비〉 사례에 나타난 능력주의와 혐오 표현을 실증적으로 분석하였습니다. 7장은 대통령 선거와 지방선거에서 나타난 '이대남' 이슈를 사례로 혐오와 불공정의 개념에 관해 텍스트 마이닝을 통해 담론을 분석하였습니다. 마지막으로 8장에서는 디지털 혐오를 과학적으로 측정하기 위한 온라인 반시민성의 세 개 차원을 척도화하여 제안하였습니다.

본 저서를 위해 다양한 이론적 관점과 실제 이슈, 사례 분석을 소개해 주시고 논의를 함께해 주신 열한 분의 저자 정민웅, 유용민, 박현지, 박윤미, 김소영, 김선아, 김지희, 라유빈, 민웅기, 김선영, 임인재 선생님께 깊이 감사드립니다. 저서의 편집과 출판과정에 도움을 주신 성균관대학교 출판부와 인문사회 연구소 지원사업을 통해 지원해 주신 한국연구재단에도 고마움을 전합니다.

2023년 5월, 저자를 대표하여
금희조

차례

머리말 금희조 • 4

01
온라인 혐오: 누가 왜 하는가? **정민웅** • 9

02
디지털 시민성을 위한 윤리학 **유용민** • 33

03
디지털 세상 속, 왜 미디어 리터러시인가 **박현지** • 57

04
디지털 미디어 플랫폼 시대, 미디어 리터러시 교육의 실제적 이슈 **박윤미** • 81

05
디지털 혐오 시대: 미디어 중재, 부모 미디어 리터러시 교육의 방향 **김소영** • 105

06
대학입시 커뮤니티 〈오르비〉에 나타나는 능력주의와 혐오 표현
김선아·김지희·라유빈·민웅기 • 123

07
'공정' 개념의 동상이몽(同床異夢):
'선택적 공정'을 기준으로 한 '우리'와 '그들'의 구별 짓기 **김선영** • 157

08
온라인 반시민성 측정하기 위한 세 개의 차원 **임인재** • 183

참고문헌 • 203

온라인 혐오:
누가 왜 하는가?

정민웅

본 챕터에서는 최근 전 세계적으로 그 심각성이 대두되고 있는 온라인 혐오 현상에 대해 다루도록 한다. 관련 연구들을 기반으로 온라인 혐오란 정확히 무엇을 의미하는지 짚어본 후, 온라인 혐오에 가담하게끔 만드는 개인적 요인과 매체적 요인은 어떠한 것들이 있는지에 대해 살펴본다. 온라인 혐오에 대한 종합적 검토를 통해 해당 현상을 보다 구체적, 체계적으로 이해하고자 한다.

온라인 혐오의 정의

'싫어하고(혐; 嫌) 미워하다(오; 惡)'를 뜻하는 혐오는 그 단어의 구성 자체만으로도 어떠한 대상에 대한 한 개인의 매우 부정적인 태도 혹은 심리상태를 일컬음을 알 수 있다. 그러한 태도를 표현하는 것은 오프라인과 온라인을 가리지 않는다. 따라서 과격한 집회 속 군중의 발화에서도, 인터넷 포털 사이트의 댓글 창에서도 누군가를 싫어하고 미워하는 표현들은 등장할 수 있다. 다만 현대사회 커뮤니케이션의 많은 부분이 인터넷을 매개로 이루어지며 혐오 표현 또한 오프라인에 비해 온라인에서 더욱 빈번하게 경험하고 있으므로(국가인권위원회, 2021), 본 챕터는 온라인 혐오에 국한하여 논의를 진행하도록 한다.

사이버 혐오, 디지털 혐오로도 불리는 온라인 혐오를 간단하게 정의하자면 어떤 특정 대상에 대한 한 개인의 매우 부정적인 태도나 선입견, 고정관념이 디지털 매체를 매개로 하여 발현된 것이라 할 수

11

있다. 보다 구체적으로 온라인 혐오란 특정 대상이 어떤 집단에 소속되어 있거나 그 집단 특유의 속성을 갖고 있다는 전제하에 이루어지는 모욕, 멸시, 위협 발언 등을 일컬으며(Castaño-Pulgarín et al., 2021), 적대적이며 공격적인 언행을 통해 해당 집단과 그 구성원에 대해 증오와 차별을 조장 및 옹호하는 표현이라 할 수 있다(임인재 외, 2022). 온라인 혐오의 대상이 될 수 있는 집단은 다양하며 대표적으로 성별, 지역, 국적이나 인종, 종교, 성 정체성, 정치 성향, 장애 여부, 연령을 근거로 한 혐오 표현들이 있다(임인재 외, 2022).

국가인권위원회(2021)는 대한민국에 거주하는 만 15세 이상 남녀 1,200명을 대상(성별, 거주 지역별, 연령대별 할당 표집)으로 온라인 혐오에 대한 설문을 실시하였다. 설문에 참여한 응답자 중 약 절반 (53.2%)이 최근 1년간 오프라인에서 혐오를 경험하였으며 그보다 높은 62%가 동일 기간 동안 온라인 혐오를 경험하였다고 보고하였다. 온라인에서 자주 접한 혐오 대상으로는 여성(80.4%), 특정 지역 (76.9%), 페미니스트(76.8%), 노인(72.5%), 남성(72.0%), 성소수자 (71.5%) 등이 있었다. 온라인 혐오 표현을 경험한 장소로는 뉴스 기사에 달린 댓글(71.0%), 개인 방송(53.5%), 온라인 게시판(47.3%), 소셜 미디어(35.9%)의 순서로 보고되었다. 혐오 표현을 사용한 경험이 있는지를 묻는 질문에는 약 45.8%가 사용한 적이 있다고 밝혔다 (자주 사용: 0.8%, 가끔 사용: 9.7%, 사용한 경험은 있음: 35.3%). 다만 해당 질문은 구체적으로 온라인과 오프라인을 구분하지 않았음을 염두에 둘 필요가 있다.

〈그림 1〉 현재 전 세계적으로 만연한 온라인 혐오

온라인 혐오는 누가 왜 할까?

　온라인 혐오에 가담하는 이유는 일일이 세는 것이 불가능할 만큼 다양할 수 있다. 특정 집단 구성원과 직접적으로 겪었던 과거 경험이 좋지 않았을 수 있다. 이를 기반으로 형성된 부정적인 태도나 선입견으로 인해 해당 집단의 사람이라면 즉각적으로 부정적인 발언을 하게 되는 것일 수 있다. 혹은 주변인들이나 미디어로부터 간접적으로 접한 특정 집단에 대한 이야기로 인해 그 집단의 사람들을 싫어하고 미워하게 되었을 수도 있다. 아니면 별다른 배경지식 없이 가까운 친구나 가족, 연인이 그 집단을 싫어하니까 본인 역시 무의식적으로 해당 집단에 대한 배타적인 태도를 형성했을 수도 있다. 본 챕터는 이렇듯 다양한 가능성이 존재하는 온라인 혐오의 이유를 개인적 요인과 매체적 요인들로 나누어 살펴보고자 한다.

온라인 혐오의 개인적 이유

　개인적 이유는 한 사람의 인구 통계학적 특징들, 즉 나이, 성별, 인종, 국적, 사회경제적 지위 등과 더불어 그 사람의 심리적 요인들인 태도, 신념, 성격, 성향 등을 의미한다. 사람들의 온라인 혐오 가해 행동을 이해하고자 실시된 연구들의 상당수는 이러한 개인적 이유들에 집중한 측면이 있다(Bernatzky et al., 2021). 주로 어떠한(개인적) 요인들이 있는지, 다른 디지털 반시민적 행동(예: 사이버 불링)의 맥락에서 중요한 예측 요인으로 여겨졌던 변수가 온라인 혐오에도 적용되는지, 그러한 개인적 요인들이 사람들의 온라인 혐오 가해 행동을 얼마나 잘 설명하고 예측할 수 있는지와 같은 연구들이다. 본 섹션에서는 인구 통계학적 특징들과 더불어 한 개인의 오프라인 사회성, 우울감, 공감 능력이 온라인 혐오에 어떠한 영향을 미치는지에 대한 연구 결과를 간략하게 소개한다.

　일반적으로 온라인 혐오를 포함한 다양한 디지털 반시민적 행동들(예: 악성 댓글 작성, 오정보의 생산 및 확산 등)은 10대와 20대의 젊은 층에서 가장 빈번하게 일어나는 것으로 알려져 있으며 이는 해당 연령대가 디지털 미디어 사용량이 가장 많은 것과 관련이 있는 것으로 생각할 수 있다(Cross et al., 2015). 성별에 따른 차이의 경우 연구 결과가 일관되지 않아 특정 성별이 더욱 온라인 혐오에 자주 가담한다는 결론을 내리기는 어려운 측면이 있다. 다만 국가인권위원회(2021)의 보고서에 따르면 남성 응답자 중 53.5%, 여성 응답자 중 37.9%

가 혐오 표현을 사용한 경험이 있다고 밝혀 남성 응답자들에게서 상대적으로 더욱 높은 빈도로 일어나고 있음을 알 수 있다.

온라인 혐오에 가담하는 데 있어 인종이나 국적에 따른 차이 또한 크게 보이지는 않는다. 여러 국가를 비교하는 연구의 수가 많지는 않지만, 유럽 10개 국가의 12세에서 16세 사이 청소년들을 대상으로 실시한 한 연구(Wachs et al., 2021)에 따르면 온라인 혐오에 가담한 적 있는 응답자의 비율은 폴란드(4.5%), 체코(3.4%), 벨기에와 노르웨이(2.6%), 루마니아(2.2%), 핀란드와 리투아니아(1.4%), 프랑스(1.3%), 슬로바키아(0.8%), 이탈리아(0.7%)의 순서로 나타났다. 그러나 이러한 차이는 통계적으로 유의하지 않아 국가에 따라 온라인 혐오 가담에 차이가 있다는 결론을 내리기는 어렵다.

사회경제적 지위의 경우 일반적으로 디지털 반시민적 커뮤니케이션 행동에 유의한 영향을 미치지 않는 것으로 알려져 있다(Cross et al., 2015; Fletcher et al., 2014). 이와 유사하게 온라인 혐오 행동과도 별다른 관련이 없음을 발견한 연구(Wachs et al., 2019)가 존재하지만 국내의 경우 소득수준이 높은 집단에서 가장 높은 혐오 표현 사용 빈도(57.5%)가 보고된 바 있다.

일반적으로 오프라인에서 사회성이 떨어지는 사람들이 온라인으로 도피하고, 익명성을 기반으로 한 매체의 특성을 빌려 온라인 혐오에 가담할 것이라는 통념이 존재한다. 이는 대중매체 속에서 디지털 반시민적 커뮤니케이션 행동을 하는 사람들을 묘사하는 장면을 떠올려 보면 쉽게 유추할 수 있다. 원만하지 못한 교우관계는 물론

〈그림 2〉 일반적으로 오프라인에서 사회성이 떨어지는 사람들이 온라인
으로 도피하고 각종 디지털 반시민적 커뮤니케이션 행동에 가담
할 것이라는 통념이 존재한다.

이거니와 정상적인 경제활동도 하지 않으며, 다른 사람들에게 쉽게
다가가지 못하고 혼자 방안에서만 지내는 사람들. 그러한 은둔형 외
톨이들이 온라인 게시판을 탐독하고 악성 댓글과 혐오 표현을 작성
하는 장면들을 쉽게 머릿속에 떠올릴 수 있을 것이다. 과연 정말 그
럴까? 온라인 혐오에 가담하는 사람들은 정말 그런 부류의 사회성이
부족한 사람들일까?

　일반적으로 사회성이 높으며 주변 사람들과 원만한 관계를 맺고
지내는 사람들에 비해 그렇지 못한 사람들은 타인에 대해 공격적이

며 배타적인 사고체계를 지니는 것으로 알려져 있다(Crick & Dodge, 1994). 따라서 사회성이 떨어지는 사람들은 대화 상대방에게서 얻는 동일한 자극(예: 웃음)도 보다 공격적으로 해석(예: 조롱)하고 반응(예: 쏘아붙이기)하는 결과로 이어진다는 연구 결과가 존재한다(Erdley & Asher, 1996). 사회성과 공격성 간 이러한 관계는 어린아이와 청소년 11,579명을 대상으로 실시한 53개의 연구 결과를 종합하였을 때도 동일한 패턴이 발견되었다(Wang et al., 2022).

물론 오프라인과 온라인에서 서로 다른 인격체로 살아가는 사람들도 존재할 수 있다. 그러나 보통의 경우 한 사람의 공격성은 오프라인과 온라인에서 일관되게 나타난다는 연구 결과들에 기반할 때(Strimbu & O'Connell, 2011), 오프라인에서 사회성이 부족한 사람들은 그렇지 않은 사람들에 비해 공격성이 높으며, 이러한 공격성은 온라인에서도 남을 혐오하는 방식으로 발현될 것이라는 논리적 추측을 할 수 있다. 즉, 온라인 혐오에 가담하는 사람들은 사회성이 떨어질 것이라는 우리들의 일반적인 통념이 어느 정도 사실일 수 있다는 것이다.

하지만 정말 그런 것일까? 잠시 영화나 드라마에서 다른 학생을 괴롭히는 소위 '잘나가는' 학생을 떠올려보자. 다른 학생들을 선동하여 왕따와 같은 조직적인 괴롭힘에 가담하게 만들고, 항상 비슷한 부류의 친구들과 어울려 다니는 그 학생을 우리는 사회성이 부족하다고 정의 내릴 수 있을까? 그런 학생들이 비록 오프라인에서는 남을 괴롭힐지라도 온라인에서는 남을 혐오하는 행동에 전혀 가담하지 않을까? 특히나 디지털 원주민(digital natives)이라 불리는 요즘의 학생들은 디지털 미디어를 매개로 한 커뮤니케이션이 일상생활이라 할 수 있음에도? 이러한 질문들은 오프라인 사회성과 온라인 혐오 가해 간 앞서 살펴본 것과는 다른 양상의 관계가 가능할 수도 있지 않은가에 대한 질문으로 이어지게 된다.

원만한 오프라인 사회성을 가진 사람일수록 남을 괴롭히는 행동에 더욱 가담하게 될 것이라는 주장이 존재한다. 서튼과 동료들(Sutton et al., 1999)은 남을 육체적으로 괴롭히는 것이 아닌 커뮤니케이션을 통해 괴롭히는 행위의 경우 적절한 상황 판단 능력, 상대방에게 상처가 될 수 있는 말을 파악하고 사용할 줄 아는 능력, 또 자신의 주변인들로 하여금 잠재적 피해자에게 부정적인 태도를 갖게 만들고 가해에 함께 가담할 수 있게 만드는 설득의 능력들이 필요하다고 보았다. 달리 말하자면 사회성이 부족하기 때문에 온라인 혐오에 가담하는 것이 아니라, 고도로 발달된 사회성을 이용하여 온라인 혐오를 보다 효율적, 효과적으로 수행하는 것이라 생각할 수 있다.

온라인 혐오 가해자에 대한 일반적인 통념과 달리, 오프라인 사회성과 관련된 이러한 주장을 뒷받침하는 연구 결과들 또한 존재한다. 몇몇 연구들에 따르면 청소년들 사이에서의 오프라인 사회성은 남이 수치를 느낄 만한 사진을 인터넷에 게시하거나 가십 퍼트리기 등의 다양한 디지털 반시민적 커뮤니케이션 행동을 예측할 수 있는 변인이었다(Rodríguez-Hidalgo et al., 2018; Vandebosch & Van Cleemput, 2009). 특히나 인터넷을 잘 활용하는 사람들에게서 이러한 관계를 발견한 연구 또한 존재하여(Savage & Tokunga, 2017) 오프라인에서의 높은 사회성과 인터넷 활용 능력이 겸비된 사람이 누군가를 미워하는 감정을 가졌을 때 온라인 혐오를 더욱 효과적으로 수행할 수 있는 것 아닌가 하는 추측을 할 수 있게 한다.

개인의 성향이나 성격과 관련하여 또 다른 중요한 변인은 우울감, 그리고 타인에 대한 공감 능력이 있다. 여러 방법으로 측정된 한 개인의 우울감이 높을수록, 또한 타인에 대한 공감 능력이 부족할수록 사이버 불링을 포함한 다양한 디지털 반시민적 커뮤니케이션 행동 빈도가 높아지는 것이 비교적 일관되게 발견되어 왔다(예: Kowalski & Limber, 2013; Zhang et al., 2020). 우울감과 공감 능력의 경우 온라인 혐오와 관련하여서는 직접적인 연구 결과가 아직 부족한 실정이다. 다만 다양한 디지털 반시민적 커뮤니케이션 행동 맥락에서의 연구들을 통해 그 효과에 대한 증거가 비교적 일관되게 축적되어 왔을 뿐만 아니라, 문제적 행동에 가담하는 것은 연쇄적 작용처럼 일어나는 것이기에(Jessor & Jessor, 1977) 온라인 혐오의 맥락에서도 적용 가능할 것이라는 합리적 추론이 가능하다.

온라인 혐오의 매체적 이유

본 챕터의 도입부에서 기술하였듯 혐오는 오프라인과 온라인을 가리지 않는다. 그러나 미디어와 커뮤니케이션을 연구한 학자들의 이론과 경험적 증거들에 따르면 온라인 커뮤니케이션이라는 특성, 즉 디지털 매체를 매개로 한 커뮤니케이션이 갖는 몇몇 특징들은 오프라인보다 온라인에서 상대방에 대한 혐오 발언을 더욱 용이하게 만드는 효과가 있다. 본 섹션에서는 그러한 매체적 특징에 대해 살펴보도록 한다.

디지털 미디어라는 매체의 특성을 이야기하기 위해서는 우선 단서(cues)란 무엇인가를 살펴볼 필요가 있다. 단서란 소통의 상대방에 대한 정보를 제공하고 상호작용을 도와주는 것들이라 할 수 있으며 크게 언어적 단서들과 비언어적 단서들로 나눌 수 있다. 언어적 단서들이란 직접 혹은 간접적 언어 그 자체를 의미하며 어떤 상호작용에서 사용되는 직·간접적 어휘들이나 문장 그 자체라 생각하면 된다. 예를 들어 대화 상대방이 "나는 오이가 싫어"라고 말을 했다고 가정해 보자. 이 문장을 통해 우리는 이 사람이 오이를 싫어하는 사람이라는 기본적인 정보를 얻을 수 있으며 그에 기반하여 오이가 들어간 음식을 권하지 않는다든지, 혹은 어떤 계기로 오이를 싫어하게 되었는지와 같은 주제로 대화를 풀어나갈 수 있게 된다. 즉, 해당 문장 그 자체를 통해 대화 상대방에 대한 정보를 습득했을 뿐만 아니라 앞으로의 상호작용을 도움받았다고 할 수 있을 것이다. 이때 "나는 오이가 싫어"라는 문장은 언어적 단서라 할 수 있다.

비언어적 단서란 앞에서 살펴본 언어적 단서가 아니면서 동일한 혹은 유사한 기능을 수행하는 단서들을 의미한다. 주로 촉감, 움직임, 음성(속도, 볼륨, 높낮이의 변화 등), 물리적 거리, 시간(텀), 상대방이 있는 주변 환경들을 비언어적 단서라 일컫는다. 형사들이 범죄자로 의심되는 누군가에게 질문을 던진 후 그 사람이 하는 말들(언어

21

적 단서들)에만 집중하는 것이 아니라 대답을 하고 있는 그 사람을 유심히 관찰하는 것은 바로 비언어적 단서를 발견하기 위함이라 할 수 있다. 범죄자로 의심되는 사람이 대답을 하면서 형사의 눈을 못 마주친다면, 자꾸 본인의 머리를 만진다거나 손에 땀이 나는 것 같다면 그 사람이 제시하는 언어적 단서들과는 별개로 형사는 그 사람의 이러한 비언어적 단서들로 인해 의심을 하게 될 것이다. 좋아하는 이성에게는 자꾸 눈이 가는 것, 가까운 거리에 머무르려고 하는 것, 자세가 자꾸 그 사람 쪽으로 기우는 것 등도 한 사람의 호감도를 표현하는 비언어적 단서라 할 수 있다.

매체마다 소통될 수 있는 단서의 종류와 양은 다르다. 편지, 전화, 그리고 대면 소통을 생각해 보자. 편지의 경우 일반적으로 거의 언어적 단서들만 전달한다고 할 수 있다(물론 한 글자 한 글자 꾹꾹 눌러 쓴 흔적과 같은 비언어적 단서가 없다고는 할 수 없다). 전화의 경우 편지가 제공할 수 있는 언어적 단서들과 더불어 제법 많은 비언어적 단서를 전달할 수 있다. 주로 음성이나 시간(텀), 주변 환경과 관련된 것들이다. 말하는 속도가 갑자기 빨라진다든지, 언성이 높아진다든지, 물음에 대답하는 시간이 갑자기 길어졌다든지, 혹은 주변이 매우 시끄럽다든지 와 같은 정보들을 통해 그 상대방이 전달하는 언어적 단서를 보완 혹은 반박하는 다양한 비언어적 단서들을 얻을 수 있다. 대면 소통의 경우 전화보다도 더욱 많은 비언어적 단서들을 제공한다. 상대방의 표정, 자세를 볼 수 있으며 제스처, 물리적 거리, 주변 환경 또한 직접적으로 확인이 가능하다. 대면 소통은 현재 시점에서 그 어떤 소통 매체와 비교해도 가장 많은 비언어적 단서를 제공한다. 중요한 얘기는 만나서, 자세한 얘기는 얼굴 보고 하려는 것들은 이러한 비언어적 단서의 전달 혹은 습득이 필요한 상황에서 매체의 특성을 반영하는 것이라 할 수 있다.

온라인 혐오는 포털 사이트에 게시된 뉴스의 댓글 창, 온라인 커뮤니티, 소셜 미디어 등 주로 문자를 기반으로 한 디지털 커뮤니케이션 상황에서 자주 이루어진다(국가인권위원회, 2021). 이런 장소들은 언어적, 비언어적 단서들의 측면에서 생각해 본다면 앞서 살펴본 예시들 중 편지와 가장 가깝다고 할 수 있다. 문자를 기반으로 한 디지털 미디어 매개 커뮤니케이션은 본질적으로 전달할 수 있는 비언어적 단서의 양과 종류가 제한적이며, 글자 수 제한이 있는 댓글 창이나 소셜 미디어의 경우에는 제공할 수 있는 언어적 단서의 양 역시 제한이 있다고 할 수 있다. 이렇듯 단서의 전달(습득)이 쉽지 않은 특성을 갖춘 디지털 미디어는 대화 상대방과의 친밀도를 높이기 어려운 조건이며 그렇기에 의미 있고 유대감 있는 대인 관계를 형성하기에는 어려운 매체라는 주장은 오래전부터 제기되어 왔다(Culnan & Markus, 1987).

물론 현재 우리가 사용하는 모든 디지털 미디어가 언어적 · 비언어적 단서의 전달이 제한적이라고 말할 수는 없다. 사람들은 제한적인 소통 환경을 공부하고 적응하였다. 빠른 시간 안에 많은 정보를 전달할 수 있도록 줄임말들이 생겨났으며(예: 가는 중을 의미하는 on my way를 줄여 omw), 문자 부호를 사용하여 감정을 전달할 수 있도록 다

〈그림 3〉 글자수 제한을 통해 언어적 · 비언어적 단서의 전달이 모두 제한적인 트위터

양한 이모티콘이 생겨났다(예: 기쁨을 표시하는 ^^, 슬픔을 표시하는 ㅠㅠ). 커뮤니케이션 테크놀로지의 기술적 발전으로 인해 상대방의 얼굴을 바라보며 소통할 수 있는 영상 통화(화상 회의)가 생겨났으며, 실시간 화상 회의 중에도 참여자들의 외모를 아름답게 바꾸어주는 뷰티 필터, 배경을 변경해 주는 가상 배경 등이 등장했다. 이러한 측면들을 생각해 본다면 디지털 미디어를 매개로 하였기 때문에 여러 단서의 전달이 제한적이라는 것은 너무 오래전 이야기라 생각할 수 있다. 그러나 앞서 언급하였듯 온라인 혐오가 빈번하게 일어나는 온라인 공간들은 여전히 언어적 · 비언어적 단서의 소통이 제한적인

곳들임을 상기할 필요가 있다.

이렇듯 단서의 전달이 제한적인 특징을 갖고 있는 디지털 미디어는 온라인 혐오를 더욱 용이하게 만들 수 있다. 그 이유 중 하나는 바로 대화 상대방에 대한 선입견과 고정관념을 지우기 어려울 뿐만 아니라 그러한 편견이 상대방에 대한 평가를 내리게 중요하게 작용한다는 점이다. 이와 관련하여 디지털 미디어를 통한 소통과 고정관념에 대한 연구 하나를 소개하고자 한다.

에플리와 크루거(Epley & Kruger, 2005)는 디지털 미디어를 매개로한 커뮤니케이션은 비언어적 단서의 소통이 쉽지 않기 때문에 대화 상대방에 대한 고정관념이 그대로 유지될 것이라는 연구 가설을 검증하기 위해 실험을 실시하였다. 60명의 코넬대학교 학생들을 모집하여 같은 학교의 다른 학생과 짧은 소통이 있을 것이라고 공지하였다. 이후 대화 상대방에 대한 배경지식과 사진을 제공하였다. 여기서 연구 참여자들에게 제공한 대화 상대방에 대한 정보는 모두 연구자들이 실험을 위해 의도적으로 만들어낸 가짜 정보였다. 연구진들은 모범생으로 보일법한 가짜 대학생 한 명, 그리고 그렇지 않아 보일법한 가짜 대학생 한 명씩을 준비해두었다. 그리고 각 피실험자는 그중 한 명과 짧은 대화를 나누는 실험이었다.

모범생으로 설정된 가짜 학생은 아시아계 미국인 남학생이었으며 학점은 4.0 만점에 3.85, 전공은 물리학과 철학을 복수 전공하고 있고 학생회장격이라 할 수 있는 고등학교 졸업생 대표를 한 적이 있다고 하였다. 반면 모범생으로 보이지 않을 것으로 설정된 가짜 학생은 유럽계 미국인 남학생(유명 록 밴드의 티셔츠를 입고 있는 사진을 보여주었다)이었으며 학점은 4.0 만점에 2.30, 전공은 호텔 경영이고 고등학교 시절 미식축구팀의 MVP를 한 적이 있다고 하였다. 이렇게 설정된 가짜 대학생은 대화 상대방에 대한 선입견 혹은 고정관념(즉, 모범생과 모범생이 아니라는 고정관념)을 형성하기 위해 만들어낸 것들이었다. 연구진들은 이러한 정보를 제공한 후 피실험자들이 대화 상대방에 대해 갖고 있는 선입견을 측정하였고 결과는 연구자들의 의도 대로였다.

연구자들은 실험에 참여한 학생들로 하여금 (가짜) 대화 상대방에게 6가지 질문을 하도록 요청하였다. 그 질문들은 "전직 대통령들 중 한 명을 만날 기회가 있다면, 그것은 누구이며 이유가 무엇입니까?", "지니에게 하나의 소원만을 빌 수 있다면 어떤 소원을 빌겠습니까?"와 같은 것들이었다. 디지털 미디어 조건에 있던 피실험자들은 이메일로, 아날로그 미디어 조건에 있던 피실험자들은 전화(실시간 통화)로 질문을 하였으며 답변을 들은 후 (이메일의 경우 답장을 받은 후) 다음 질문으로 넘어가는 식으로 진행되었다.

피실험자들의 질문에 답한 대화 상대방은 사실 실험과는 아무 상관 없는, 연구의 목적을 모르는 일반 대학생이었다. 또한 한 학생이 전화로 답한 대답을 받아 적어서 이메일로 보내주었기 때문에 전화와 이메일 조건 모두 대화 상대방의 응답은 동일하였다. 연구에 참여한 대학생들은 상대방의 답변을 모두 들은 후 그 사람이 얼마나 모범생인 것 같은지에 대해 다시 한번 설문에 응답하였다.

연구 결과 이메일 조건에 있던 피실험자들은 대화 상대방이 모범 생인지에 대한 선입견이 바뀌지 않고 그대로 유지된 것을 확인할 수 있었다. 즉, 대화 전 상대방이 모범생이라고 생각했던 피실험자들은 대화가 끝난 후에도 상대방이 모범생이라고 생각하는 모습을 보였다. 반면 대화 전 상대방이 모범생은 아닐 것이라 생각했던 학생들은 대화가 끝난 후에도 상대방이 모범생이 아닐 것이라 생각한 것이다. 그렇다면 전화 조건에 있던 피실험자들은 어땠을까? 해당 조건에 있던 학생들은 대화 상대방에 대한 선입견이 바뀐 것으로 나타났다. 특히 대화 상대방이 별로 모범생은 아닐 것이라 생각했던 학생들이 전화 통화를 한 후에는 그 상대가 모범생일 것 같다고 보고하는 경향을 보였다. 이러한 연구 결과는 대화 상대방에 대한 고정관념이나 선입견이 문자를 기반으로 한 디지털 미디어 매개 커뮤니케이션을 했을 때는 수정이 어려우며 그러한 편견이 상대방에 대한 평가에 중요한 영향을 미치는 것을 보여주는 것이라 할 수 있다.

이 연구가 중요한 이유는 본 챕터의 서두에서 밝혔듯 온라인 혐오는 대화 상대방에 대한 선입견, 더 구체적으로는 그 상대방이 속한 것으로 추측되는 집단에 대한 고정관념이 발현된 것이라 할 수 있기 때문이다. 즉, 언어적·비언어적 단서의 전달이 제한적인 문자 기반의 디지털 미디어가 사람들의 선입견이나 고정관념을 수정하는 데 어려움이 있으며, 따라서 이러한 매체적 특성에 의해 (단서 전달이 덜 제한적인 오프라인에 비해) 온라인상에서 혐오가 더욱 빈번하게 발생할 수 있음을 유추할 수 있다.

〈그림 4〉 디지털 미디어의 익명성은 온라인 혐오를 용이하게 만드는 요인
중 하나다.

또 다른 매체적 특징으로는 익명성이 있다. 모든 디지털 미디어 매개 커뮤니케이션이 익명은 아니지만, 대다수의 온라인 혐오는 익명을 기반으로 이루어지며(Mondal et al., 2017), 익명성은 사람들로 하여금 본인 고유의 정체성과 개성을 잃은 채 한 집단의 구성원으로서의 정체성만을 생각하게끔 만드는 효과를 불러일으킬 수 있다. 기본적으로 한 개인으로서의 정체성이 상실되었을 때는 자신의 체면이나 자신을 향한 사회적 기대, 사회 규범, 자신의 행동이 불러올 결과 등에 대한 우려가 낮아지게 되며 이에 따라 평소에는 하지 않았을 행동도 더욱 용이하게 수행할 수 있게 될 수 있다. 이러한 현상을 탈개인화 혹은 몰개성화(deindividuation)라고 부른다(LeBon, 1895).

탈개인화 효과에 대한 사회 정체성 모델(the social identity model of deindividuation effects; Reicher et al., 1995)에 따르면, 익명성을 기반으로 한 온라인상호작용 상황에서 사람들은 하나의 개인으로서의 정체성보다는 자신이 속한 집단의 구성원으로서 정체성이 더욱 강해지고, 상대방의 실재감을 느낄 수 있는 여러 가지 단서가 부재한 상황 속에서 주어지는 제한적인 단서만으로 내집단과 외집단을 나누며, 결과적으로 내집단 선호 및 외집단 배격과 같은 커뮤니케이션 현상으로 이어지게 될 것이라 예측한다.

이 모델은 특히 집단 양극화나 게임 속 부정행위를 비롯한 각종 그룹 기반의 디지털 반시민적 커뮤니케이션 현상을 설명하는 데 그 효과성이 입증되어 왔다(예: Chen & Wu, 2015; Lee, 2007). 온라인 혐오는 주로 익명성을 기반으로 이루어지며 일종의 집단 간 커뮤니케이션이라 볼 수 있고, 내가 속하지 않은 외집단을 차별하고 배격하는 커뮤니케이션이라 할 수 있다. 요컨대 디지털 미디어의 익명성으로 말미암아 탈개인화가 일어나고 한 집단 구성원으로서의 정체성이 뚜렷해지며, 결과적으로 발생하는 외집단 배격의 커뮤니케이션 현상을 온라인 혐오라고 이해할 수 있는 것이다.

결론과 제언

본 챕터에서는 온라인 혐오란 무엇인지, 그리고 온라인 혐오에 가담하게끔 만드는 개인적 요인과 매체적 요인은 무엇이 있는지를 살펴보았다. 온라인 혐오 현상을 살펴본 연구들의 대다수는 개인적 요인을 밝혀내는 데 집중하였다. 일반적으로 성별, 나이, 소득수준과 같은 인구통계학적 변인들의 영향력은 그렇게까지 뚜렷하지 않은 것으로 보인다. 따라서 그보다는 특정 집단에 대한 태도, 평소 본인의 신념, 성격, 공격성, 우울감이나 공감력과 같은 측면에 더욱 집중하여 온라인 혐오 행동과의 관련성을 살펴보는 것이 더욱 의미 있는 접근 방법이라 생각된다.

온라인 혐오가 주로 발생하는 포털 사이트 뉴스 기사의 댓글 창이나 온라인 커뮤니티와 같은 곳은 익명성을 바탕으로, 문자 기반의 디지털 미디어 매개 커뮤니케이션이 이루어지는 곳이라 할 수 있다. 본 챕터에서는 이러한 디지털 미디어의 매체적 특성이 어떻게 온라인 혐오 가해를 용이하게 만들 수 있는지에 대해서도 살펴보았다. 익명성은 탈개인화를 야기해 평소에는 하지 않았을 행동도 할 수 있게끔 할 수 있으며 특히나 강화된 집단 정체성은 내집단 선호와 외집단 배격 및 차별과 같은 커뮤니케이션 현상으로 발현될 수 있다. 문자 기반의 디지털 미디어는 주고받을 수 있는 단서의 양과 종류가 제한적이라 기존에 갖고 있던 선입견이나 고정관념을 깨기가 어려우며 이에 따라 기존 편견들로 대화 상대방을 판단하게 되는 결과를 야기한다. 결과적으로 이러한 매체적 특성들로 인해 오프라인보다는 온라인에서 혐오 현상이 더욱 쉽게 나타나는 것이라 이해할 수 있다.

온라인 혐오와 관련하여 아직 연구가 미비한 분야는 바로 집단의 영향력이다. 앞서 살펴보았듯 온라인 혐오는 일종의 집단 간 커뮤니케이션이라 할 수 있다. 집단의 규범이 개인의 행동에 어떠한 영향을 미치는지, 또 집단 내 한 개인의 역할에 따라 그 사람은 어떻게 행동이 달라지는지에 대해 많은 문헌이 존재하지만(예: Rimal & Yilma, 2021) 온라인 혐오와 관련하여서는 아직 많은 연구가 이루어지지 않았다. 또한 자신이 속한 집단의 구성원들로부터 관심을 받거나 사회적 지지를 얻고자 하는 동기의 영향력도 더욱 살펴보아야 할 분야라 할 수 있다(Walther, 2022). 이런 분야들에 대한 연구들이 활성화된다면 온라인 혐오라는 현상을 더욱 체계적, 종합적으로 이해할 수 있을 것으로 기대된다.

디지털 시민성을 위한
윤리학

유용민

디지털 시민성을 위한 윤리학

　디지털 시대에 혐오, 차별, 음모론, 허위조작정보 등 윤리적인 문제는 온라인상에서 나날이 심각해지고 있다. 특히 인터넷상에서 특정 개인과 집단, 정체성과 문화를 비하하는 내용을 담고 있거나 그들에 대한 차별을 선동하면서 혐오를 조장하는 반-사회적인 행태들이 늘어나면서 여기에 대한 주의가 어느 때보다 시급히 요청되고 있다. 디지털 세계에서 살아가는 오늘날 이러한 도덕적인 이슈들에 대한 문제의식은 정부와 제도정치권뿐만 아니라 일상 시민들에게도 요구된다. 그런데 디지털상에서 발생하고 확산되는 혐오 표현의 범람 같은 도덕적 이슈는 그 책임 소재를 명확히 따지기 어렵다는 점에서 미디어 환경의 구조와 정보 흐름이 단순하고 정보 생산자와 정보 소비자가 명확히 구별되는 등 관련된 행위자의 성격을 규정하기가 용이한 매스 미디어 환경에서 발생하는 도덕적인 이슈들과는 다른 성격을 갖는다.

실제로 인터넷상에서 발생하는 반–사회적 이슈와 쟁점들은 특정 행위자의 도덕적 책임을 묻는 전통적인 윤리학적 대처로는 실천적인 효과를 거두기에는 한계가 있다. 누구에게 책임을 물을지 불분명하고 책임 소재를 추적하기도 까다롭기 때문이다. 디지털 시대의 도덕적 이슈가 갖는 이러한 차별성은 최근 우리 사회가 적극적으로 고민하고 있는 디지털 시민성 논의에도 시사하는 바가 크다. 디지털 시민성은 디지털 환경에서 시민들이 보다 윤리적이고 보다 도덕적으로 살아갈 수 있도록 돕는 일에 관계된 것이다. 따라서 디지털 시민성은 사람들로 하여금 미디어를 이용하는 과정에서 비도덕적이고 비윤리적인 자세와 태도를 경계하라는 요구를 강조해야 한다. 그런데 디지털 사회에서 혐오와 차별을 포함해 반–사회적인 문제들이 아무리 심각하다고 해도 대부분의 시민들은 도덕적으로 중립적인 개인으로 살아가고 있다고 생각하는 경향이 존재한다. 이런 개인들에게 혐오나 차별 같은 비윤리적 행위를 경계하라고 요구하는 주문은 큰 효과를 거두기 어렵다.

디지털 시대에 도덕적 이슈와 쟁점의 성격이 제공하는 이러한 함의를 고려하면, 보다 윤리적이고 보다 도덕적인 시민을 육성하기 위한 윤리학적 프로그램으로서 디지털 시민성에 관한 고민은 조금은 새로운 접근을 요구받는 과도기에 놓여 있다. 누가 잘못을 저질렀는지에 관한 인과성(causality)을 명확히 따져 책임(reliability)을 할당하는 전통적인 윤리학적 사고 방식으로는 디지털 시민의 윤리성을 실천적으로 모색하기가 쉽지 않다. 이로 인해 최근에는 디지털 혁명으

로 인해 도덕성이 구성되는 방식 자체가 달라졌다는 점에 주목하여
윤리학적 사고를 새롭게 재구성해야 한다는 목소리가 관심을 끌고
있다. 그 중에서도 국내외에서 관심을 끌고 있는 이는 이탈리아 출
신으로 영국 옥스퍼드 대학에 있는 정보 철학자 루치아노 플로리디
(Luciano Floridi)다. 그의 정보철학은 디지털 네트워크 속에서 다양한
행위자들이 상호작용하는 오늘날의 도덕 환경에 적합한 윤리학적
사고를 제공한다는 점에서 적지 않은 주목을 받고 있다.

　이 장에서는 디지털 시대에 혐오와 차별 같은 도덕적 이슈와 쟁점
이 갖는 성격은 매스 미디어 시대와는 어떻게 다른지, 기존의 윤리
학적 사고 방식이 디지털 시대 도덕적 이슈와 쟁점에 대해 대처하는
데 갖고 있는 윤리 이론적인 한계는 무엇인지, 그리고 그러한 한계
를 극복하기 위해서 요구되는 윤리학적 대안을 플로리디의 정보철
학을 중심으로 모색해 보고자 한다.

디지털 시대의 도덕적 이슈와 쟁점의 성격

오늘날 디지털상에서 범람하는 혐오 표현이나 특정 개인이나 집단에 대한 잘못된 이미지를 제공하거나 그들을 차별, 비하, 모욕하는 등 인권을 침해하는 정보와 콘텐츠들은 사회적 소수자나 약자들을 포함하여 혐오와 차별의 대상에 대한 편견을 고착화하면서 혐오와 차별의 대상이 되는 이들에게 실질적으로 해악을 끼친다는 점에서 도덕적으로 옳지 않은 현상이다. 혐오적 표현을 사용하거나 혐오를 유발하는 내용을 담은 콘텐츠를 제작하여 디지털 공간에 유포하는 옳지 않은 행위를 직접적으로 행하거나 혹은 그러한 정보나 콘텐츠를 아무런 문제의식 없이 소비함으로써 반사회적인 정보문화가 인터넷상에서 확산되는 과정에 부지불식간에 가담하는 행위는 도덕적으로 옳지 않은 일임은 분명하다.

그런데 이런 도덕적으로 옳지 않은 일들이 디지털상에서 발생하는 성격은 기존의 미디어 환경과는 근본적으로 다른 특성을 갖고 있다는 점에 주목할 필요가 있다. 과거 매스 미디어 환경에서는 유해하거나 옳지 않은 정보를 생산한 책임을 명확히 가려내기가 용이했다. 매스 미디어 환경에서 정보를 생산하는 사람과 소비하는 사람은 명확히 구분되어 있을 뿐만 아니라 한정된 미디어 채널로 인해서 정보가 실제 사회적으로 어떤 유해한 영향을 미쳤는지에 대한 책임을 따지는 문제도 상대적으로 간단했다.

하지만 디지털 세계에서는 커뮤니케이션 구조와 흐름의 복잡성(complexity)으로 인해서 도덕적 문제를 일으킨 행위 주체를 규명하기가 쉽지 않다. 허위조작정보(disinformation) 현상만 보더라도 악의적으로 조작된 정보를 누가 만들었는지, 그 정보가 온라인상에서 확산되는 과정에 누가 개입했는지를 밝히기 쉽지 않다. 따라서 허위조작정보의 확산 과정에서 발생한 피해와 위험의 책임이 누구에게 얼마만큼 있는지를 판가름하기도 어렵다. 어떤 정보가 사실이라고 믿을 만한 상당한 이유가 있어서 이를 뉴스나 정보로 가공하여 디지털상에 게재하는 행위, 어떤 정보가 사회적으로 주목할 만한 가치가 있거나 혹은 흥미있는 내용을 담고 있어서 이를 주변 사람들 또는 모르는 이들에게 전달하거나 공유하는 행위, 허위조작정보인 줄 모르고 단순히 습관적인 클릭을 통해 해당 정보를 열람하는 행위, 또는 인간의 개입 없이 알고리즘과 인공지능처럼 자동적으로 이용자들에게 특정한 정보를 추천하거나 큐레이션(curation)하면서 제공하는 행위 등 디지털상에서 어떤 정보가 사회적 현상으로 영향력을 미치는 과정에는 다양한 행위 주체와 양식들이 관여한다. 그래서 인터넷상에서 심각하게 지속되고 있는 반-사회적인 현상들은 어떤 특정한 행위 주체 때문에 발생하는 경우들은 별로 많지 않다. 오히려 인간은 물론 인공지능 같은 비인간 행위자들이 서로 영향을 주고받는 '행위자들의 하이브리드적 연합(hybrid network)'이 형성되는 과정에서 발생하는 성격이 강하다. 미디어 전문가들은 거대 플랫폼 자본이 디지털상의 비도덕적 문화의 범람을 방치하거나 조장한다고 비판하는 경우들도 많지만, 플랫폼 입장에서 보면 그들은 단지 사람들에게 마당(arena)을 제공했을 뿐이란 반론도 가능하다. 정부가 모니터링 같은 사전적 규제를 통해서 디지털 세계의 비도덕적, 비윤리적 현상을 일일이 감시하는 것도 한계가 크다. 이런 관점에서 보면, 디지털 공간에서 발생하는 반-사회적인 현상의 도덕적 책임을 특정 개인이나 집단 혹은 제도 어느 하나의 문제로 환원하여 도덕적 비난을 가하는 윤리학적 접근 방식은 그 의도와는 다르게 문제 해결에는 큰 도움이 되지 못하는 측면이 있다.

반대로 생각하면 디지털 네트워크상에 더 많은 사람들이 참여하고, 사람들 사이의 연결이 더 많아지면 많아질수록 개개인들이 갖고 있는 작은 역량(capacity)만으로도 디지털상에서 벌어지는 현상에 영향을 미칠 수 있는 개입 능력은 더욱 커졌다. 가령 자극적이고 선정적인 이슈가 소셜 미디어의 검색 순위 같은 지표(index)에서 급속도로 높은 주목을 끌 수 있는 이유는 인터넷상의 거대 다수가 참여하는 주목의 경제(attention economics) 때문이다. 매스 미디어 시대처럼 영향력 있는 소수가 미디어 환경 전반에 힘을 발휘하기 어려운 점과 비교하면 디지털 세계의 구조는 정반대라는 사실을 알 수 있다. 가령 이태원 참사 사건의 피해자나 피해자 가족에 관해서 사회적으로 보호받아야 될 정보가 인터넷상에 잘못 유통될 때 많은 사람들이 이를 제대로 인지하고 해당 정보가 담긴 웹페이지에 접근하지 않는다면 누군가 악의적으로 인권침해적 정보를 인터넷상에 유포시켰다 하더라도 다수의 의식적 노력에 의하여 피해자들의 프라이버시는 보호받을 수 있다. 허위조작정보로 의심되는 온라인 정보는 신중히 열람한다든지, 타인의 인권을 침해할 우려가 큰 콘텐츠를 공유, 전달하는 행위는 절제한다든가, 또는 잘못된 정보를 교정할 수 있는 팩트(facts)를 확인하면 이를 사회적으로 공유하려는 행위를 의식적으로 실천하는 일은 실상 작은 주의만 기울여도 누구나 할 수 있는 윤리적인 일이다. 즉 각 개인의 작은 개입이 디지털 네트워크에서 발생하는 거시적인 도덕적 문제에 실천적으로 의미있는 변화를 가져올 수 있는 윤리적 힘을 발휘할 수 있다는 것이다.

정보철학자 플로리디는 디지털 세계에서 도덕성이 작동하는 이러한 특성을 분산된 도덕 행위(distributed moral actions)라는 개념을 통해 설명한다(Floridi, 2013). 이 개념이 갖는 실천적인 유용성은 디지털 혐오 같은 온라인상의 반사회적 이슈뿐만 아니라, 코로나19(Covid-19) 팬데믹 공간 같은 사회적 이슈들에서도 찾아볼 수 있다. 코로나19 바이러스가 최초 인류에게 전파된 정확한 기원은 여전히 명확히 밝혀졌다고 보기는 어렵다. 실제로 어디서 어떻게 코로나 바이러스가 최초로 전파됐는지를 규명하기란 매우 복잡한 일일 것이다. 그러나 코로나19 바이러스의 확산을 막기 위한 공공-도덕적인 노력은 사회적 거리두기(social distancing)가 요구하는 작은 행동들에 개인들이 동참하기만 해도 가시적인 효과를 거둘 수 있다. 세계화된 현실 세계도 개인과 개인이 촘촘하게 연결된 디지털 네트워크와 유사하다고 볼 때, 도덕적 이슈는 이런 분산된 행위를 기반으로 형성되기도 하고, 반대로 해결되기도 하는 것임을 알 수 있다.

따라서 디지털 세계에서 발생하는 도덕적 문제에 효과적으로 대응하기 위해서는 이러한 분산된 도덕성이 작동하는 디지털 세계에 대한 이해를 기초로 윤리적 대응 방안과 관련한 논의를 모색할 필요가 있다.

전통 윤리학적 대응의 한계

도덕적 이슈에 대해서 지금까지의 전통 윤리학적 대응은 주로 '행위 주체'와 '책임'이라는 두 가지 요소에 초점을 맞췄다. 이러한 윤리학적 접근을 책임 윤리 또는 행위자 중심 윤리학(agent-centered ethics)이라고도 한다. 그러나 이러한 두 요소에 주목하는 전통적인 윤리학적 사고는 디지털 시대 도덕적 이슈에 대한 윤리학적 대응을 모색하는 데 한계가 있어서, 어떤 도덕적 해악을 일으킨 행위자를 찾아 그 행위자에게 도덕적 해악에 대한 책임을 질 수 있도록 요구하는 전통 윤리학적 접근에 일정한 보완이 요구된다.

윤리학자들마다 '책임'을 정의하는 방식은 다 다르다. 그러나 윤리학에서 '책임'은 주로 개인이나 조직 등 행위 주체가 자신의 의지 또는 의도를 가지고 행한 행위에 초점을 맞춘다. 이러한 책임 개념은 또한 인과적인 책임을 전제로 한다. 따라서 도덕적 문제를 해결하는 방식은 어떤 해악의 효과를 유발한 행위를 의도적으로 수행한 주체에게 그 효과에 대한 책임을 지우는 것으로 정당화된다. 가령 알고리즘에게 도덕적 책임을 지우는 문제가 아직까지 사회적으로 논쟁이 되고 있는 이유는 알고리즘이 의도를 가지고 어떤 행위를 수행한 주체로 볼 수 있느냐의 문제가 아직은 애매하기 때문이다. 책임 개념에 대한 이러한 접근은 매스 미디어 환경에서는 미디어 행위자들 사이에서 발생하는 도덕적 문제를 해결하는 데 실천적으로 유효한 방식을 제공했다. 가령 현실적 악의(actual malice)를 가지고 누군가의 명예를 훼손하는 정보를 생산한 사람에게 책임을 지우는 일은 명예 훼손과 관련한 법리적 원칙만 명확히 서 있다면 비교적 용이한 일이다. 그러나 디지털 세계에서는 다양한 행위 주체들이 복잡다단한 상호작용의 결과 도덕적 문제가 발생하기 때문에, 도덕적 책임을 다루는 기존의 방식이 실천적인 효과를 거두는 데 한계가 있다. 예를 들어 정치적으로 생각이 다른 사람들을 반대하는 정도를 넘어서 혐오하는 담론이 인터넷상에 횡행하고 있지만, 도대체 그 담론에 대한 인과적 책임을 누구에게 적용할지는 극히 애매하다. 우리가 사회적인 문제가 발생할 때 원인을 제공한 것으로 의심되는 주체를 악마화하기는 쉽지만 그렇다고 문제가 해결되지 않는 이유도 여기에 있다. 행위자의 자유 의지와 의도 측면에서도 사회적 병폐에 해당되는 온라인 현상은 전통적 책임 개념을 가지고 접근하기 어렵다. 물론 명확한 원인 제공자가 존재하는 사례는 예외가 될 수 있다. 그러나 대부분의 인터넷에서 나타나는 반사회적 현상은 그런 경우가 많지 않다.

또 다른 이유로는 도덕적 이슈와 쟁점에 대한 연관성(relevance) 이슈다. 가령 오프라인에서 누군가의 신상을 폭로하는 경우, 그 효과는 주변 사람들에 국한하여 나타난다. 반면 소셜 미디어상에서 발생하는 프라이버시 침해, 명예훼손의 피해 범위는 네트워크 전체로 확산된다. 오프라인 공간에서는 책임의 범위는 사회적 관계와 시공간적 거리에 의해 제약되는 반면, 디지털 공간에서 책임의 영향 범위는 사실상 무제한적이다. 한 국가의 온라인상에서 발생한 혐오 이슈는 단 몇 십분 만에 글로벌 이슈로 진화할 수 있다. 특히 사건이 자극적이거나 선정적일 경우는 더욱 심각하다. 이로 인해 현대 디지털 사회에서 책임의 영향력과 의미는 도덕적 거리감을 상실함으로써 무제한적인 범위에 걸쳐 있다. 마치 지구촌 자본주의 하에서 빈곤국 아동의 굶주림 문제가 선진국의 중산층과 전혀 무관하다고 보기 어려운 것처럼, 사람들이 구글이나 네이버 같은 거대 플랫폼에서 공동으로 거주하면서 개개인이 끊임없이 상호작용하며 살아가는 디지털 세계에서는 도덕적 거리에 한정된 책임 개념을 적용해서 도덕적 이슈를 이해하고 대처하는 방식은 근본적인 한계가 있다(Green, 2002, p.84).

디지털 네트워크 시대와 분산된 도덕성

　정보철학자 플로리디는 도덕적 책임에 대한 기존의 윤리학적 이해가 갖는 이러한 맹점을 극복하기 위해서 복잡한 디지털 네트워크 속에서 야기되는 도덕적 책임을 설명하는 분산된 도덕 이론(theory of distributed morality)을 도입한다. 그의 분산된 도덕 이론의 핵심은 어떤 도덕적 문제가 발생했을 때 그 책임을 귀속시킬 때 필요한 근거와 관련하여 전통적인 책임 개념으로 규명되지 않는 부분에 대한 대안을 제시한다는 데 있다. 플로리디는 다양한 행위자와 기술적 요인들이 복잡하게 상호작용하면서 굴러가는 디지털 네트워크 안에서 도덕적으로는 중립적인 행위들이 상호작용한 결과가 혐오와 차별 같은 도덕적으로 옳지 않은 결과로 나타날 때 그 결과에 대한 책임을 규명할 수 있는 논리를 제시한다.

　이를 위해 플로리디는 도덕적 행위자의 의도와 의지라는 강한 인과적 요인 대신 연관성(relevance) 개념을 통해서 도덕적 책임을 설명한다. 즉 디지털 세계에서 무수한 행위자들은 분명한 의도나 의지를 갖고 현상에 개입하는 것이라고 보기 어려운 반면, 네트워크상에서 연결된 정도나 강도에 따라서 상이한 연관성을 갖는다는 점을 '책임'의 근거로 재설정한다. 가령 카카오톡 단톡방에서 비윤리적인 메시지를 게시하는 사람이 있음에도 이를 묵과하는 행위는 도덕에 위배되는 행위를 직접 수행하는 의도 및 의지와는 관련이 없는 반면, 네트워크상의 참여에 따른 관련성은 존재한다. 이러한 관련성 개념을 통해서 플로리디는 사악한 의도나 의지가 없는 달리 말하면 인과성이 없는 행위에 의해 도덕적 해악이 발생할 수 있음을 설명하고 있다(Floridi, 2016). 전통적인 윤리학에서는 도덕적인 행위와 도덕적인 행위가 상호작용하면 부도덕한 일이 발생할 수 없지만, 디지털 세계에서는 그렇게 보기 어려운 상황이 발생한다(목광수, 2017). 플로리디의 윤리학을 '마음이 없는 윤리학(mindless ethics)'이라고 부르는 이유도 이와 관련된다. 디지털 세계에서 대부분의 시민들 사이의 관계 속에는 나쁜 마음이나 선한 정신이 없더라도 도덕적 이슈가 형성되거나 해결될 수 있는 측면이 있기 때문이다. 과거에는 과실이 있어야만 책임이 있는 것으로 보았지만 디지털 세계에서는 과실이 없더라도 책임이 있을 수 있다는 뜻이다.

개별적으로는 도덕적으로 중립적인, 즉 누군가에게 도덕적인 해를 입히거나 비도덕적인 행위를 통해서 부당한 이득을 취할 동기가 없는 행위자들임에도 이들에게 도덕적 책임을 귀속시키려는 플로리디의 윤리학적 의도는 무엇일까? 그것은 네트워크의 문제다. 오늘날 우리 사회와 디지털 시민들이 온라인상에서 살아가면서 겪는 크고 작은 문제들은 따지고 보면 인터넷이 없었다면 벌어지지 않았을 일들이다. 네트워크에서 정보가 즉시적이고 대규모로 확산되는 일이 불가능하다면, 그로 인한 개인적, 사회적 피해가 네트워크상에서 커지는 일도 없다. 때문에 이 네트워크를 어떻게 가꾸어 가느냐가 디지털 세계에서는 대단히 중요하다는 점을 플로리디는 윤리학적 실천의 타깃으로 삼고 있다. 플로리디는 디지털 네트워크상에서 도덕적으로 중립적인 행위에게 법적 윤리적 책임을 귀속시키기기는 어렵지만 그 네트워크가 도덕적으로 기능하도록 노력할 책임까지 면제될 수는 없다고 설명한다. 그러한 책임은 네트워크상의 행위자 모두에게 분산되어 있는 것이지만, 네트워크상에서 행위자가 어느 정도 참여하는지와 얼마나 관련이 되는지에 따라 상이한 정도의 책임을 할당(allocation)할 수 있다.

디지털 네트워크상에서 발생하는 도덕적 문제를 특정 행위자에 대한 도덕적 책임과 윤리적 비난을 통해서 해결하기는 쉽지 않다. 오히려 그 네트워크에서 도덕적 해악이 발생하지 않도록 네트워크를 가꿔가야 하는 문제에 대한 도덕적 책임을 분산시키는 플로리디의 전략이 다소 추상적이기는 하지만 실천적 해법이 될 수 있는 이유다. 포털 사이트나 검색 엔진, 그리고 소셜 미디어, 유튜브에서 어떤 도덕적 해악이 재발하거나, 그에 대한 해결을 위한 노력이 도모되고 있지 않다면, 이는 네트워크에 참여하는 모두가 나눠 짊어져야 할 윤리적 짐이라는 관점에서 보면, 플로리디의 분산된 도덕성 이론은 도덕적 관련성이 있는 주체들의 참여와 연대를 유도하는 논리를 제공함으로써 디지털 시대에 도덕적 책임의 귀속과 관련한 보다 보편적인 논리를 제공한다.

실제로 디지털 사회의 통합을 위협하는 반사회적 이슈들에 대한 디지털 플랫폼 시장의 노력이 충분하지 않다는 점에 비춰볼 때, 네트워크를 개선해야 할 도덕적 책임에 대한 분산이론적 주목이 갖는 의미는 중요하다. 시민들 입장에서 디지털 플랫폼은 오늘날 물리적 세계만큼이나 중요한 사람들이 살아가는 환경 그 자체다. 따라서 디지털 혐오나 차별 같은 반사회적 병폐를 근절하고 건강한 디지털 세계를 가꿔가기 위한 노력은 오늘날을 살아가는 현대인들의 시민적 책무의 중요한 일부인 셈이다. 이에 반해 플랫폼 기업들은 플랫폼의 정치경제적 이익을 위해서 유해 정보를 방치하거나, 극단적이고 자극적인 콘텐츠가 더 많이 노출되고 더 많이 추천, 공유되도록 유도하거나, 사회적 해악을 일으킨 콘텐츠를 필터링해야 하는 공적 책무와 관련하여 소극적인 대처에 머물고 있다. 이러한 현실을 개선하기 위해서도 더 많은 시민들이 디지털 네트워크에서 특별한 도덕적 입장을 취하거나 개입해야 할 의무는 없다 하더라도, 디지털 네트워크에서 도덕적 해악이 재생산되는 상황을 개선해야 할 도덕적 책임에 관련이 있다는 문제의식을 확장해가는 것은 필수적이다.

디지털 시민 윤리의 존재론적 확장

일반적으로 디지털 시민성은 디지털 기술이 미디어 환경에서 중추적인 역할을 수행하는 사회에서 민주적 시민으로서 갖추어야 할 역량으로 정의된다. 디지털 시민성에 대한 이러한 정의에서 시민은 디지털 미디어 테크놀로지를 활용하는 과정에서 민주적 시민으로서의 권리와 책임을 다하는 존재라 할 수 있다. 이러한 관점은 민주적 시민의 주체는 인간 행위자이고, 디지털 기술은 도구라는 이분법을 전제로 한다. 이러한 이분법 위에서 시민은 윤리적 사고와 행위를 할 수 있는 주체(subject)로서의 지위를 가지고 반면 미디어 테크놀로지는 주체에 의해서 그러한 주체의 대상 즉 객체(object)로 정의된다. 전통적인 윤리학에서는 인간을 중심에 놓고 인간과 기술 사이에 위계를 설정하는 이원론적(dualism) 접근을 통해서 도덕적 책임을 논의하는 데 큰 문제는 없었다.

하지만 이러한 이분법은 지능정보사회, 인공지능사회처럼 기술이 단순한 도구에 머무르지 않고 그 이상의 역할을 수행하면서 인간과 공존해 가는 오늘날의 상황에서는 달리 생각해볼 여지를 제공한다. 인공지능, 알고리즘, 로봇, 자율주행 자동차, 사물인터넷 등등 지능정보 기술들은 인간의 직권위임을 통해서 부여받은 임무를 인간의 직접 통제와 개입 없이도 자율적으로 수행하며 마치 인간 같은 행위자처럼 디지털 네트워크상에서 우리 인간과 상호관계를 맺고 있다. 물론 이러한 인공적 기술물들은 아직 자아와 의식을 갖춘 실체적인 존재는 아니다. 그러나 쾌켈버그가 지적하듯(Coeckelbergh, 2014) 인공지능이나 로봇이 스스로 도덕적 사고를 할 수 있는지 여부와 무관하게 실제로 그 기술들이 인간들의 일상 생활과 사회 곳곳에 배치되면서 인간과 관계를 맺어가는 양상은 나날이 늘어나면서, 이러한 기술들과 인간의 '관계'를 어떻게 설정할지가 디지털 윤리에 보다 중요한 문제로 대두된다.

'관계'에 대한 주목이 요구되는 또 다른 맥락은 인간과 디지털 기술 사이의 경계가 점점 더 모호해지는 추세와 관련되어 있다. 매스미디어 환경에서는 미디어 기술과 인간의 경계가 명확했지만 오늘날 디지털 생체 기술이 발전하면서 인간과 비-인간 존재들 사이의 경계는 점점 흐릿해지고 있다. 이미 인간은 기술을 신체의 일부로 받아 들인지 오래고, 이제는 지능의 차원에서도 결합을 시도하고 있다. 기술이 인간과 연결되어 있다면, 그 연결된 기술을 함부로 대하는 것이 어떤 의미인지를 윤리적으로 질문할 때가 도래하고 있는 것이다.

디지털 시대 시민의 자질과 역량에 관한 논의에서도 이러한 문제는 중요한 논의 과제다. 디지털 미디어를 단지 도구로만 바라보는 관점과 디지털 미디어 도구들을 우리와 관계를 맺고 공존하고 있는 존재로 바라보는 관점은 기술을 활용하며 살아가는 인간의 시민적 자세와 태도에 큰 차이를 유발할 수 있다. 가령 시민들은 자신의 신념이나 가치에 따른 합목적적인 행위를 하기 위해 미디어 도구를 활용할 수 있다. 그러나 시민들이 믿고 따르는 신념이나 가치는 때로 자연을 파괴한다거나, 디지털 세계에서 다른 사람들의 인권을 공격한다거나, 시민들 사이의 상호 존중이나 배려의 문화를 훼손하고 공격하는 일을 정당화하기도 한다. 혐오 표현에 아무런 문제의식을 못 느끼는 사람들에게는 혐오의 대상을 비판하는 자기 나름의 도덕적인 근거나 원칙이 있기 때문이다. 그런 사람들에게서 혐오표현 같은 반사회적 행동을 추구하기 위해 미디어를 도구로 활용하는 일은 윤리적인 일로 간주될 수 있다. 로봇을 학대하거나, 디지털상에서 정보를 왜곡, 조작하는 행위들도 이런 측면에서 얼마든지 정당화될 수 있는 것이다.

그러나 점점 더 지능화되고 있는 디지털 존재들을 단순한 도구가 아니라 그들 또한 우리 인간과 더불어 살아가는 '존재'로 바라보는 관점의 전환은 인간으로 하여금 디지털 세계 안에서 인간과 관계를 맺어가며 공존하는 비인간 존재 혹은 기술적 인공물들을 윤리적으로 대하고, 그럼으로써 보다 도덕적인 세계를 만들어 가야 할 윤리학적 필요를 제공한다. 특히 지금 발전하고 있는 인공지능은 인간과의 관계 속에서 경험을 쌓아가면서 지적으로 성장하는 존재다. 가령 인간이 로봇을 어떻게 대하고 로봇에게 어떤 영향을 미치는지에 따라, 로봇은 윤리적인 존재가 될 수도 있고 반대로 비윤리적인 존재가 될 수도 있다. 그래서 디지털 시대의 시민들에게는 미디어를 활용하여 도덕적으로 살아가야 한다는 윤리적 과제와 더불어 미디어 자체를 윤리적으로 대하는 문제를 진지하게 고민해야 하는 과제가 추가적으로 주어진다. 이런 측면에서 디지털 시민성의 윤리학은 시민들에게 인간이 나날이 진화하고 있는 기술들과 어떤 관계를 맺어가는 것이 보다 윤리적인가라는 질문을 중심에 놓고 고민해야 한다.

그러나 기술과 인간의 수평적인 관계를 강조하는 비-위계적인 관점은 때로 인간의 역할을 축소하거나 기술의 역할을 너무 과장하는 입장으로 오해되기도 한다. 그러나 플로리디가 말하는 것처럼, 보다 발전된 기술들이 인간과 영향을 주고 받는 디지털 세계가 등장한다고 해서 인간의 역할이 축소되거나 인간이 갖는 의미가 약화되는 것은 아니다(Floridi, 2013, pp.161-179). 가령 지능정보사회에서 인공지능이나 로봇의 역할이 커진다고 해도 디지털 세계를 보호하고 번영시켜야 할 도덕적 의무와 윤리적 책임이 인간에게는 여전히 존재한다. 인간은 그런 기술적 인공물들과 디지털 세계에 공—거주(co-living)하는 존재이기 때문이다. 따라서 인간은 디지털 세계를 도덕적으로 구성하는 과정에 적극적으로 동참하는 시민이어야 한다는 윤리적 의미는 기술 발전과 무관하게 보존될 수 있다. 이런 관점은 구체적으로 시민 윤리학에 어떻게 접목될 수 있을까? 그것은 바로 디지털 시민성이 '시민'이라는 자기 중심성에서 벗어나는 시야를 갖추는 문제와 관련이 있다. 즉 시민들로 하여금 합리적인 미디어 소비자가 되라고 요구하는 데 그치기보다는 거꾸로 디지털 환경을 윤리적인 곳으로 가꾸는 데 시민적인 책임이 우리 모두에게 있다는 관점을 보완해야 한다.

플로리디는 이런 윤리학적 사고의 중요성을 설명하기 위해서 기존의 인간 중심의 윤리학을 존재론적으로 보다 확장해야 한다고 주장한다. 즉 인간만을 유일한 윤리적 주체로 설정하는 윤리학의 경계를 더 확장해서 디지털 정보 환경에서 활동하는 기술적 인공물들 또한 존재의 일부로 간주하고, 이들과 인간이 살아가는 공간을 의미하는 정보권(inforsphere)을 도덕적으로 가꿔가는 인간의 윤리적 역할이 갖는 의미를 지속시킬 수 있다는 것이다. 이러한 맥락에서 플로리디의 정보윤리에 관한 사상은 디지털 미디어를 환경(environment)으로 바라보는 미디어 생태학적(media-ecological) 관점에서 시민윤리학의 토대를 재구성하려는 시도로 이해할 수 있다.

결론 : 디지털 시민성을 위한 함의

　플로리디의 정보윤리학은 디지털 시대를 살아가는 시민들에게 요구되는 시민성의 윤리학적 원칙을 모색하는 일과 관련해서 중요한 시사점을 제공한다.

　첫째, 디지털 환경에서 도덕성은 분산된 형식으로 작동하기 때문에, 구체적 개별적 행위의 책임 주체를 따지는 전통 윤리학적 접근보다는 관련성 정도에 따라 책임의 정도를 할당함으로써 도덕적으로 중립적인 개인들에게도 시민적 윤리의 책임성을 연관시킬 수 있어야 한다. 그런데 지금의 미디어 교육에서 시민들에게 윤리적 책임을 지우는 방식은 윤리적으로 중립적인 시민과 비윤리적 시민을 구분하는 방식에서 논의를 출발하기 때문에 평범한 개인들에게 윤리적 책임을 귀속시키기 어렵다. 향후의 미디어 시민성에 관한 논의는 이러한 인식의 전환을 구체적으로 어떻게 시민들에게 이해시킬지를 윤리학적 이론의 차원에서 고민해야 한다.

둘째, 디지털 시민성의 윤리학에서는 인간만을 유일하게 도덕적으로 사고하고 행위할 수 있는 존재로 한정하는 인간 중심주의를 비판적으로 바라보는 관점이 강조되어야 한다. 디지털 시민성의 윤리관은 근래 인공지능 담론들이 조장하는 것처럼 디지털 기술과 인간이 생존경쟁하는 것도 아니고 인간이 자신이 추구하는 바를 실현하기 위해 디지털 테크놀로지를 합목적적으로 수단화하는 것도 아니다. 오히려 기술과 인간의 상호 공존을 모색할 때 보다 더 풍요로운 디지털 세계가 펼쳐질 수 있다는 관점에서 접근되어야 한다. 디지털 시민에게 요구되는 윤리학적 사고는 역설적으로 '시민'이라는 인본주의적인 사고방식을 보다 확장할 것을 요구한다는 것이다. 역사적으로 시민이란 개념은 근대로 넘어오면서 서구에서 형성된 자유주의적인 인본 주체라는 의미로 지속되어 왔다. 그러나 이런 자유주의적인 시민 모델은 개인을 중심에 놓는 시민 개념이란 점에서 한계가 있다. 디지털 시민은 그런 자유주의적인 인본 주체 개념의 한계를 뛰어넘으면서 디지털 세계를 보다 책임질 수 있는 시민 개념을 적극 모색해야 한다.

이를 위한 시민 윤리는 행위자 중심의 윤리학을 피동자 중심(patient-oriented)적, 존재 중심적(onto-centric) 접근으로 보완할 필요가 있다. 피동자란 정보권을 구성하는 일원들로서 정보적 시스템으로 이해가 가능한 모든 존재들에 해당된다. 도덕적 의지나 마음이 있든 없든 정보권 안에서의 존중받아야 할 최소한의 자격을 갖춘 도덕적 존재들이다. 이러한 피동자에는 인간 이외에도 동식물부터 인공지능, 로봇, 사물인터넷, 그 밖의 미디어들 모두가 포함된다. 도덕적 존재들의 범위를 확장한다는 것은 도덕적 고려의 대상이 되어야 할 자격 요건을 최소한으로 낮춘다는 의미다(유용민, 2022).

이러한 관점의 전환 또는 확장은 인터넷을 쓰는 시민이 윤리적이기만 하면 되는 것이 아니라, 인터넷 자체가 윤리적인 세계가 되도록 유도하는 시민성 교육에 보다 적합한 관점이다. 그런데 지금의 디지털 시민 윤리나 미디어 리터러시 교육은 '윤리적 시민'이라는 개인에 초점이 맞춰져 있지, '디지털 세계의 보다 거시적인 차원에서의 윤리성'에 대해서는 간과하는 경향이 있다.

셋째, 디지털 시민성에 대한 논의는 인간, 즉 시민의 역할에 대해서 재정의해야 한다. 오늘날 미디어 환경은 점점 더 인간과 기술 사이의 상호작용이 확대 심화되는 단계에 접어들고 있다. 인간에게는 다양한 기술적 존재들과의 관계 속에서 이들을 돌보면서 정보 세계를 더욱 풍요롭고 도덕적인 곳으로 만들기 위해 노력할 윤리적 책임이 여전히 요구된다. 정보 세계의 관리자로서 짊어져야 할 책임과 부담을 나눠지는 것이 오늘날 시민의 보편적인 책무로 추가되어야 한다.

넷째, 그동안 미디어와 관련한 시민적 윤리에 관한 기본적인 사고는 행위자의 비윤리적인 행위가 유발한 결과에 어떻게 책임을 물을 것인가를 고민하는 사후적 처벌과 보상의 윤리학이었다(신상규, 2017). 디지털상에서 잘못된 정보나 유해한 현상이 벌어질 때 지금까지 우리 사회가 대처하는 제도적 방식 또한 모니터링을 통한 사후 적발이 주를 이루었다. 그러나 디지털 네트워크상에서 수많은 행위자들이 상호작용하며 살아가는 오늘날 사후적 접근은 한계가 명백하다. 그러나 디지털 생태계의 특성상 정부나 디지털 환경을 주도하는 플랫폼 기업이 모든 문제를 해결하는 것은 근본적으로 한계가 있다. 이러한 한계를 메우기 위해서 디지털 시민에게 요구되는 윤리학은 사후적인 성격보다는 사전적, 예방적, 선제적 성격에 대한 고민이 강조되어야 한다. 디지털 세계에 대한 행위자의 보편적 책무성과 그에 입각한 예방적인 점검과 사전적인 도덕적 행위의 윤리학을 디지털 시대를 살아가는 시민 윤리에 녹여낼 필요가 있겠다.

03

디지털 세상 속,
왜 미디어 리터러시인가

박현지

미디어의 디지털화

우선 필자는 '미디어'라는 단어의 친숙함이 가져오는 "일상 속의 미디어에 대하여 한번쯤 고민해본 적이 있는가?"라는 질문을 먼저 던지고 싶다.

미디어는 소위 컴퓨터 기술의 혁신으로 인하여 나타나게 된 다양한 종류의 플랫폼을 일컫는 포괄적인 용어이며 커뮤니케이션을 위한 '새로운 매체'라고 일컬을 수 있겠다. 한국의 표준국어대사전에서는 공식적으로 이 '미디어'라는 단어를 "어떠한 작용을 한쪽에서 다른 한쪽으로 전달하는 역할을 하는 것"으로 정의하고 있다. 이처럼 사전적 정의를 살펴보면 어떠한 무언가를 전달하는 '매개체'라고 볼 수 있는 것이다. 즉, 사람과 사람 간의 메시지를 시간과 공간의 개념을 뛰어넘어 연결되게 만드는 모든 종류의 '매개체'라고 할 수 있다.

미디어의 역사를 보면 알 수 있듯이, 인쇄 매체에서 라디오로, 라디오에서 텔레비전으로 그 당시마다의 뉴미디어가 발명되면서 대중

매체의 지배적인 존재가 되었다. 또 다른 정의와 개념을 살펴본다면, 지금까지는 각각 독립적으로 존재하면서 기능을 하던 미디어들이 다른 매체 또는 새로운 테크놀로지와 결합을 하게 되면서 새로운 기능을 갖는 미디어로 재탄생하는 것이다.

〈그림 1〉 디지털 미디어

우리가 모두 익히 알다시피, 미디어의 발전은 하루가 다르게 가속화되어가고 있으며, 그에 따른 미디어와 관련된 분석들도 다각도로 이루어지고 있다. 지금 우리는 매우 흥미롭고 따끈따끈한 혁신의 시대에 살고 있고 또한 4차 산업혁명의 시대에 들어서고 있는 것이다. 다양하고 새로운 디지털 기술들의 부상으로 인하여 우리는 기존의 미디어 플랫폼이 디지털 미디어로 대체되고 또한 재구성되는 '컨버

전스' 즉, '융합의 시대'에 살고있는 것이지 않을까?

Henry Jenkins(2008)에 따르면, 컨버전스(Convergence)는 그 내용에 따라 기술, 산업, 문화 및 사회적 변화를 설명하는 단어라고 할 수 있으며, 여러 가지의 미디어 플랫폼에 걸친 콘텐츠의 흐름, 이와 더불어 다양한 경험을 찾아 이동하는 미디어 이용자들의 이동 행동을 의미한다.

단순하게 본다면, 여기에서 가장 중요한 포인트는 사실 '올드미디어(Old Media)'와 '뉴 미디어(New Media)' 또는 오늘날의 '디지털 미디어(Digital Media)'로 나눌 수 있을 것 같다. 참고로 올드미디어라고는 하지만, 전통적 미디어라고 함께 표현하기도 한다. 올드미디어라고 불리는 것들에는 '신문, 책, 텔레비전, 영화 등 인터넷이 도래하기 이전에 존재했던 미디어'들이 일컬어진다. 실제 15세기 후반 무렵에는 인쇄기술의 발달에 따라 신문이 탄생한 후에 잡지라는 것이 만들어졌고, 그 후 전파기술의 발전으로 라디오가 나타났다. 1920년대 즈음에는 TV가 나타나면서 문화적인 부분을 풍부하게 만들었으며, 1970년대 후반에는 인터넷이 출현하게 되면서 그 당시의 신개념 미디어라고 불리는 것을 탄생시켰다. 그리고 2000년대 초반, 소셜 미디어(Social Media)가 나타나면서 오늘날까지도 전 세계가 그 열풍에 휩싸이고 있는 것이다.

하지만 이러한 새로운 기술의 구현으로 인하여 오래된 기술이 단순히 사라지는 것을 의미하지 않는다는 점을 명심하는 것이 매우 중요하다. 오늘날의 미디어 소비자도 여전히 텔레비전을 시청하고, 라디오를 듣고, 신문을 읽고, 영화에 푹 빠져 있으니 말이다. 대신, 우리가 이제는 그 기술들을 현대사회에 맞추어 사용하는 방식을 변화하며 발전시키고 있는 것이며, 그 중심에는 미디어의 디지털화가 자리 잡고 있는 것이다.

디지털 미디어의 거대한 영향력

우리가 살아가고 있는 현대 사회에서 디지털 미디어라는 것은 과연 어떤 의미를 갖는 것일까? 그 속의 다양한 역할들과 다양한 영향들은 과연 무엇일까?

특히나 미디어의 파워와 그 힘에 대하여 미디어가 사회에 부여하는 직접적인 영향과 가치에 놀라움을 금치 못하는 사람들이 더욱 늘어나고 있다.

McLuhan(1964)에 따르면, "사회는 디지털 미디어 또는 소셜 미디어(SNS)가 효율성 및 용이성과 같은 여러 가지 이유들로 인해 사용되어지고 있으며, 시간이 흐름에 따라 기술이 발전하고 그에 따라 사람들의 적응 또한 자연스레 강요되어지고 있다"고 말한다.

오늘날 우리는 일상 속에서 텔레비전을 비롯한 인터넷과 소셜 미디어 등 굉장히 다양한 미디어에 둘러싸여 살아가고 있다. 마치 공기와 같이 당연하게 느껴지기 때문에 이제 단 하루도 미디어를 접하

〈그림 2〉 미디어 효과

지 않고서는 살아갈 수 없는 세상이 되어버린 것이다. 그만큼 미디어가 우리의 일상에 개인적으로, 사회적으로 또는 문화적으로 미치는 영향은 하루가 다르게 늘어나고 있다.

'언제'라는 시간에 구애받지 않고, '어디에'라는 장소에 구애받지도 않으면서 최근의 이슈들을 손쉽게 알 수 있지 않은가.

특히 사람과 사람 사이의 관계성과 그에 따른 의미들도 미디어에 의해 계속 변화하고 있다.

이러한 디지털 미디어의 가장 핵심적인 특징을 한번 살펴보면 첫째로, 쌍방향 소통 즉, 쌍방향적인 커뮤니케이션이 이루어질 수 있는 특징을 가지고 있다. 사실 기존의 미디어는 방송을 송출하는 형태이기 때문에 일반 사람들이나 대중들의 즉각적인 반응을 빠르게 반영하기가 쉽지 않았다. 게다가 기존의 미디어는 단순히 정보를 전달하고 대중들이 그것을 그저 보거나 듣는 일방적인 매체였다고 할 수 있다. 그러나 이와는 반대로 디지털 미디어는 대중들이 가지고 있는 수많은 정보들을 통해 지식을 확장하고 또 다양한 변화에 빠르게 대처할 수 있도록 만들어주고 있다. 이제는 시간과 장소의 제한 없이 언제 어디서든 원하는 정보를 찾고, 접하고 또 공유하며 상호작용이 가능하게 된 것이다. 예를 들어, 이제는 더 이상 텔레비전 앞에 앉아 뉴스가 시작되기만을 기다리고 있지 않게 된 환경속에 살고 있는 것이니 말이다.

둘째로, 정보나 콘텐츠의 창작자가 셀 수없이 훨씬 많아졌다. 이제는 그 어느 누구나 핸드폰만 있으면 영상을 직접 찍고 촬영하여 업로드할 수 있는 시대인 것이다. 하물며 사건이나 사고 현장에도 직접 취재를 나갈 수 있는 시대가 되었다. 요즘에는 '미디어를 통한 시청자 제보'라는 한 부분이 마련될 정도로, 이러한 시청자들이나 대중들의 참여가 매우 활발해지고 있는것이다. 기존의 미디어는 이용자들이 할 수 있는 것이 거의 없었고, 그저 제공된 미디어 콘텐츠를 수용하는 입장만을 강요했다면, 이제는 새로운 형태의 뉴 미디어를 통해 직접 참여하며 미디어 콘텐츠를 생산하거나 뉴스를 만들어내는 역할도 하게 된 것이다.

그 다음으로는, 접근이 너무나도 쉬워졌다는 특징을 가진다. 사실 디지털 미디어라고 하는 플랫폼은 일상 속의 거의 모든 곳에서 액세

스가 가능하다고 볼 수 있다. 스마트폰(Smartphone), 태블릿(Tablet), 랩탑(Laptop)만 있다면 언제 어디서든 편하게 접근이 가능한 부분인데, 게다가 따로 돈을 지불하지 않더라도 언제든 이용할 수 있다는 장점을 가진다. 예를 들어, 페이스북(Facebook)이나 인스타그램(Instagram)에 사진이나 글을 올리면서 게재료 같은 것을 내지 않는 것처럼 말이다. 게다가 와이파이의 연결성은 공공장소며 카페, 대중교통 등 어느 곳에서도 가능하게끔 확보되어 있는 환경이기 때문에 디지털화된 현대사회에서는 접근 자체가 아주 용이하다고 할 수 있겠다.

현 시점에서 한 가지 짚고 넘어가야 할 사실은, 이러한 디지털 미디어를 자주 접하는 연령층이 굉장히 젊어지고 있다는 것이다. 요즘의 세대들은 태어날 때 또는 청소년 시절부터 디지털 문명에 굉장히 익숙한 세대이기 때문에 디지털 미디어라는 것 자체에 친숙하다.

사실 종이로 된 신문, 텔레비전, 잡지 등이 주를 이루던 시대의 미디어 소비층과 비교했을 때 확연하게 낮아진 연령층이라는 것을 알 수 있을 것이다. 즉, 정보 통신 기술의 발전에 따라 Z세대라고도 불리는 10대들이 끼치는 압도적인 영향력으로 인해 새로운 미디어의 시대가 도래한 것이다.

디지털 네이티브(Digital Native), 10대가 위험하다

최근 글로벌적으로 디지털 미디어의 사용이 급증하면서 10대들이 일상에서 시공간의 제약 없이 온라인을 통해 소통하고, 정보와 지식을 습득하고, 게임과 학습 지원 등 유용하고 필수적인 도구로써의 사회적 커뮤니케이션 또한 가능하게 만들고 있다(Eroglu, 2016). 즉, 요즘의 10대들은 디지털 미디어의 유능한 사용자이며, 미디어라는 세계를 통하여 아이들은 더 큰 사회에 참여하고 상호 작용할 수 있는 것이다.

우리가 살아가고 있는 현대 사회와 그 속의 뉴 미디어를 통해 알 수 있는 아주 유니크한 특징이자 특이점이라 할 수 있겠다.

이러한 디지털 네이티브(Digital Native)는 어린 시절부터 컴퓨터와 스마트폰 등 인터넷 환경에서 자라와서 디지털 기기를 자유자재로 이용하는 세대를 말한다. 또한, 2010년대 초반 스마트폰의 대중화가 시작되면서, 이러한 스마트폰이라는 것이 만들어낸 모바일 문화의

〈그림 3〉 디지털 네이티브

영향을 받고 자란 세대라고 아우르기도 한다.

　태어나자마자 스마트폰과 함께 살아온 이들은 자신이 관심 있어 하는 영상이나 미디어 콘텐츠 등을 직접 찾아서 소비하며 이용하고 '좋아요' 버튼과 댓글로 자신의 의견을 표현하면서 양방향으로 서로 소통하는 것을 매우 중요하게 생각한다. 또한, 이 디지털 네이티브 들은 나의 취향에 딱 맞는 콘텐츠들만 소비하려고 하는 경향이 매우 강하기 때문에 디지털 미디어를 통한 맞춤형 서비스나 AI(Artificial Intelligence) 추천 등 굉장히 프라이빗하고 개인적인 옵션들을 별도로 설정해서 사용하기도 한다. 그리고 이들에게 디지털 기기는 어떠한 형태로든 매우 익숙한 존재라고 해도 과언이 아니다.

반면에 이러한 디지털 미디어는 10대들에게 다양하고 잠재적 문제들을 발생시키고 있는 게 현실이다.

안타깝게도 마냥 순기능만 가지고 있는 건 아니라는 것이다. 일단 온라인이라는 사이버 공간을 이용하게 되고 그 속에서 모든 것들이 이루어지고 진행되기 때문에 현실이라는 공간과의 괴리감이 생길 수밖에 없을 것이다.

게다가 디지털 기기와 늘 친숙하게 지내는 수많은 10대들에게 디지털 미디어가 가져오는 다양한 부정적 영향들을 피할 수 있는 또 다른 안전한 장소는 없음을 여러 학자들은 경고하기도 한다(Chapin & Coleman, 2017). 이러한 가상공간에서 많은 시간을 보내면 보낼수록 우울감(Friso & Egermont, 2017), 사이버 폭력(Willard, 2007; 안성진 외 2013), 불안감(Pantic, 2014), 외로움(Turkmen, 2016), 사이버불링(조희정, 2013), 부정적인 미디어 콘텐츠에 노출될 가능성 그리고 결국은 중독성을 나타내는 심각한 단계까지도 이를 수 있다.

즉, 10대라는 청소년기의 건강한 심리적 발달과 성장 과정에 악영향을 가져오는 디지털 미디어의 다양한 부정적 영향들로 인한 피해 양상들 또한 점차 심각해지고 있음을 알 수 있다. 예를 들어, 디지털 미디어를 일정 시간 동안 사용하지 않으면 무언가 중요한 것을 놓치고 소외될 것 같다(Fear of Missing Out)는 생각에 빠지는 10대들도 있다. '좋아요'나 '댓글 수'에 집착하기도 하고 또 다른 자신의 모습을 만들어내기도 하면서 굉장히 다양한 역기능들이 발현되어지고 있는 것이다. 이렇듯 일반적으로 10대들은 SNS와 같은 디지털 미디어를 통해 또래 관계와 정체성 측면에서도 크게 영향을 받는 것으로 알려져 있다.

또한, 이러한 심각성이 높아질수록 10대들은 극단적인 생각과 충동성이 함께 증가하게 되는 모습을 보이기도 한다(Hinduja & Patchin, 2010).

모든 종류의 소셜 미디어를 포함한 일상의 미디어화 현상으로 특히 자기통제력(Self-control)이 낮거나 취약한 10대들은 일상적 환경에서 충동적이고 즉각적인 경향이 두드러지게 되고, 그저 눈에 보이는 순간적인 자극을 통하여 충동적 이용(Cudo et al., 2020; Rothen et al., 2018; Turel & Qahri-Saremi, 2016)에 빠지고 반시민적인 행동(Gamez-Guadix et al., 2015) 또한 표출하기 쉬운 상태가 되는 것이다.

위에서 언급된 자기조절이론은 광범위한 강박적 행동을 설명하기 위한 이론으로써, 미래의 더 좋은 결과를 얻기 위해 자신의 인지, 정서 및 행동적(Behaviour, cognition and emotion) 충동을 조절(Regulate) 혹은 억제하거나 즉각적인 만족을 자제하고 인내하려는 특유의 능력으로 정의한다(Diamond et al, 2013).

이러한 디지털 미디어가 10대들에게 미치는 심리적인 영향들도 매우 심각하지만, 사회적으로도 끼치는 영향 또한 어마어마하다고 볼 수 있다. 특히 온라인상에서 타인을 의도적으로 괴롭히고 소외시키고 욕설을 하는 등의 디지털 미디어 이용에 따른 부적절한 문제들이 나타나면서 반시민성(Incivility) 문제 또한 10대들 사이에서는 심각한 이슈로 대두되고 있다(Chen et al., 2017). 디지털 미디어 사용에 대한 자연스런 10대들의 참여는 잠재적인 사이버 위험에 스스로를 노출시키는 것으로 나타났다.

디지털 정보 범람의 시대

우리는 사실 그저 한 번의 클릭만으로 모든 정보를 쉽게 사용할 수 있게 되는 세상에 살아가고 있다.

많은 언론인들과 기술 전문가들이 말하기를, 정보 범람 또는 정보 과부하(Information Overload)라는 것이 한편으로는 사람들의 건강에 마냥 좋을 수 만은 없으며, 또 다른 한편으로는 좋지 않을 수 있다고 주장하기도 하였으니 말이다. 사실 현대인들의 삶에서 핸드폰을 끈 채로 인터넷이 없는 세상에서 살게 될 가능성이 과연 얼마나 있을까?

요즘은 지나치게 수많은 정보들이 미디어를 통해 쏟아져 나오고 있다. 시간과 공간에 얽매이지 않고 언제 어디서든 인터넷만 있다면 모든 종류의 정보들을 검색하고 활용할 수 있으니 말이다. 한 개인에게 정보가 유입되는 미디어 채널은 셀 수 없이 많아지고 있는 게 현실이다. 정보의 과부하는 주의를 기울이거나 습득하고 처리하기 위해 제시되는 데이터의 양이 압도된 상태를 말한다(Rodriguez, Gummadi, &

〈그림 4〉 Information Overload

Schoelkopf, 2014).

이 용어는 주어진 환경과 정보에 대해 너무 많은 데이터가 포함된 상황뿐만 아니라 현대 생활의 특징인 많은 소스에서 데이터가 지속적으로 범람하는 상황을 나타내는 데 사용된다. 이러한 현상을 미디어 홍수 즉, Media Flood라고도 일컫는다.

정보의 범람이라는 것이 어떠한 방향으로 보면, 효과적으로 기능하는 우리의 능력을 감소시켜서 일과 삶 모두에서 잘못된 결정을 내리고 또는 결정을 내리기까지 너무나 고려해야 할 것들이 많게 만들어서 결정을 내리지 못하게 되는 상황까지도 갈 수 있는 것이다.

미래학자인 앨빈 토플러(Alvin Toffler)는 이미 1970년도에 정보 과부하의 가능성에 대해서 책을 썼으며 이 용어를 만들었다. 토플러는 정보화 시대의 기하급수적인 성장을 예견하고 미래에 충격과 정보화 시대가 인간에게 제기할 수 있는 도전에 대해서 경고했다. 그러나 이러한 현 시점에서 우리가 간과해서는 안 될 중요한 점이란, 급변하는 미디어의 부작용이 만만치 않기 때문이다. 올드미디어는 뉴미디어와 현대미디어에 비해 제법 오랜 역사를 가지고 있으며 나름대로의 규범과 규정을 확립할 수 있는 시간이 존재했다. 그러나 오늘날 현대사회에서의 융합 미디어(Convergence Media)나 디지털 미디어는 앞서 언급한 바와 같이 빠르고, 거대하고, 자유롭기 때문에 부작용에 더 취약하다는 단점도 가지고 있는 것이다.

가짜뉴스(Fake News)가 난무하고 명예훼손과 허위정보에 대한 비방이 빠르게 확산되는 점도 결코 무시하지 못할 디지털 미디어의 역기능에 속하게 된다. 특히 의도성을 다분히 가지는 악의적인 가짜뉴스들로 몸살을 앓고 있는 현 시대에 대한 심각성과 우려를 표하는 목소리들이 커지고 있다. 아직까지 여러 가지의 미디어 플랫폼을 통해 퍼져나가는 가짜뉴스들에 대한 생산 및 유통을 제재하는 방법은 쉽지 않으므로 이에 따른 피해는 하루가 다르게 파급력이 증가할 것이라 예상된다.

Livingstone(2014)은 "여기에는 소셜 미디어가 사용자의 개인정보보호 또는 안전을 어떻게 암호화하는지, 소셜 미디어가 '좋아요' 버튼을 통해 친구들과의 관계 형성을 나타내는 방법 그리고 신뢰성을 가늠할 수 없는 다양한 광고를 이해하는 것 등이 포함된다."고 말했다. 우리가 일상 속에서 미디어를 통해 바라보는 세상, 누군가가 작성한 글과 사이버 공간안에 업로드되는 수많은 사진들과 광고들까지. TMI(Too Much Information)라는 말 그대로, 너무나 많은 정보가 우리에게 과연 득이 될 것인지 실이 될 것인지는 한번쯤은 돌이켜 생각해보아야 하는 시점이지 않을까?

미디어 리터러시(Media Literacy)와 시민성

우리는 셀 수 없이 많은 미디어를 사용하며 살아가고 있다. 이러한 디지털화된 현대사회를 살아가는 많은 사람들에게 미디어가 전하는 뉴스를 듣거나 보고, 이러한 환경의 변화에 자연스레 적응하며 산다는 것이 너무나 당연한 일이다. 이렇듯 미디어 리터러시(Media Literacy)라는 주제는 거의 모든 학계와 심지어 일반 대중들을 거쳐 매우 광범위한 학자들의 관심을 끌었다. 특히 이 주제는 미디어가 전달하는 메시지의 끊임없는 흐름이 개인과 사회에 어떤 영향을 미치는지 연구하는 미디어 학자들에게 높은 관심을 받아 왔다. 그럼에도 불구하고 미디어 리터러시라는 개념 자체가 우리에게 아직까지는 매우 생소한 단어로 다가옴이 틀림없다. 사실 미디어 리터러시의 개념은 리터러시(Literacy) 자체와 마찬가지로 오랫동안 논쟁의 대상이 되어 왔다(Luke, 1989). 20세기 중반부터 시청각 자료를 읽어내는 중요한 기술에 의해 읽기 및 쓰기의 기술이 꾸준히 향상되어왔으며, 오늘날 현대 사회와 급격한 정보 통신 기술(ICT)의 주요 변화들을 직접 목격하고 경험하면서 컴퓨터를 매개로 한 리터러시(Computer Literacy) 또는 인터넷을 기반으로 한 리터러시(Internet Literacy) 등의 새로운 형태가 등장하고 있는 추세이다(Livingstone, 2004). 이렇듯 미디어 리터러시는 다차원적인 방면을 드러내며 그 개념을 확장해 나가고 있으며, 이러한 미디어 리터러시의 수준을 높이려면 여러 가지 차원의 꾸준한 개발과 노력이 필요한 것이다. 그렇다면 이러한 디지털 세상 속

〈그림 5〉 미디어 리터러시(Media Literacy)의 역량에서 가장 핵심적이고 중요한 부분을 '디지털 시민성(Digital Citizenship)'으로 정의했으며 미디어를 비판적이고 생산적이고 이와 더불어 시민적으로 안전하고 책임감 있게 사용하는 능력이라고 언급한다(Farmer, 2010).

에서 우리는 왜 미디어를 공부해야 하는 것일까?

미디어는 인지적, 태도적, 감정적인 부분을 포함하는 개인으로서의 직접적인 점뿐만 아니라 사회적 또는 문화적인 점을 통해 간접적으로 그리고 다양한 방식으로 사람들에게 지속적인 영향을 미친다. 미디어를 공부하다 보면, 사실은 눈에는 보이지 않는 미디어의 잠재적인 역할이 우리 사회에 미치는 영향까지도 자연스레 알 수 있는 것이다.

강준만(2009)은 "중요한 것은 한국이 미디어와 함께 사는 사회라는 사실을 깨닫고 그에 따른 빛과 그림자를 이해하고 또 우리 삶의 실제적인 문제와 연결하는 자세가 중요하다"고 하였다.

게다가 오늘날 우리가 살아가는 일상의 거의 모든 것, 예를 들어, 우리가 무언가를 배우는 방식, 일하는 방식, 은행의 업무를 처리하는 방식, 쇼핑하는 방식에 이르기까지 미디어 기술에 의해 변화되고 있는 게 한 두가지가 아니다. 그렇기 때문에 미디어에 대한 교육 및 연구는 우리를 둘러싼 세상을 이해할 수 있게 만들어주는 나침반의 역할이 되어줄 수 있다는 것이다. 즉, 미디어를 공부하는 것은 어떤 방식으로든 우리가 살아가는 세상과의 연결을 공부하는 것이다.

특히 한국의 청소년들 사이에서의 미디어 리터러시를 통해 추구해 나가야 할 목표를 명확하게 세워야 할 필요성이 조명되는 시점이다.

최근 스마트폰 보급의 확산과 다양한 디지털 미디어 이용의 증가로 인해 온라인에서 발현되는 한국 청소년들의 언어 폭력(Hate Speech), 악성 댓글, 개인의 사생활(Privacy) 및 신상정보 유출 등의 반시민성

(Incivility)이 사회적으로 이슈화되며 주목을 받고 있다. 또한, European Schoolnet Social Media Literacy for Change(2019)는 전 세계의 수많은 학생들을 향하여 사회적 배제 및 압력, 따돌림, 불법 콘텐츠와 같은 온라인 위험에 대한 노출 등 디지털 미디어가 가지고 있는 위험한 잠재력에 관하여 언급했다.

이러한 현 시점에서 한국 청소년들 개개인의 삶을 포함하여 앞으로 시민사회의 구성원으로 성장하게 될 그들의 앞날과 사회 전체의 미래 방향성과 관련하여서도 미디어 리터러시를 통한 그들의 시민성 함양은 매우 중요한 부분을 차지하지 않을까?

Farmer(2010)는 미디어 리터러시의 역량에서 가장 핵심적이고 중요한 부분을 '디지털 시민성(Digital Citizenship)'으로 정의했으며 미디어를 비판적으로, 생산적으로, 시민적으로 그리고 안전하고 책임감 있게 사용하는 능력이라고 언급했다.

디지털 미디어의 성장은 막을 수 없는 것이며 오히려 현대의 디지털화된 시대가 포용해야 할 전통적인 커뮤니케이션의 변형으로 보아야 할 것이다. 그러므로 미디어 리터러시라는 것은 함양해야 하며 이를 위해서는 개인의 노력과 함께 전문가의 지도가 확연히 필요한 장기적인 과정인 것이다. 즉, 그 아무도 총체적이고 완전한 미디어 리터러시의 수준에 도달한다고 단정을 지을 수 없을 테니 말이다. 따라서 소셜 미디어(SNS)에서 비롯된 이러한 특성은 미디어 이용에 있어 더욱 윤리적이고 책임 있는 사용자가 되기 위한 의식을 구축함을 요구하는 사회의 목소리에 귀 기울여야 할 때이지 않을까?

디지털 혐오와 시민성: 이론과 사례

이와 더불어, 미디어에 대한 교육은 바로, 일상 속의 미디어와 함께 현명하고 지혜롭게 살아가며 그 의미를 이해할 수 있도록 도움을 주고 또한 이를 통해 사이버상의 윤리의식 강화 및 올바른 미디어의 사용을 위한 발판과 이정표를 마련해주는 것이다. 이제는 발빠르게 변화하는 디지털 세상 속으로 뛰어들고 적응하기 위해 새로운 미디어가 야기할 수 있는 다양한 부작용과 위험에 대한 예방의 중요성을 깨닫고 미디어를 차츰 배워가야 하는 것이 필수적인 시대이다.

미디어 리터러시는 하루아침에 나타나는 고유한 역량이라 할 수 없으며, 미디어가 끼치는 영향력이 점차 커지는 환경과 함께 자연스럽게 교육으로써 이루어나가야 할 눈앞에 직면한 과제인 것이다. 따라서 이러한 사회적 부작용과 갈등이 늘어나고 있는 오늘날의 디지털 환경 속에서 한국 및 세계 각국의 청소년들이 미디어 리터러시를 통하여 어떠한 방식으로 시민성을 형성해나가고 있는가에 대한 다각적인 현황 및 추세들을 면밀히 살펴보는 연구의 필요성이 조명된다.

04

디지털 미디어 플랫폼 시대, 미디어 리터러시 교육의 실제적 이슈

박윤미

사회구조와 삶의 형태 전반이 대면에서 비대면으로 급격히 변화하면서 교류, 여가, 학습 등 일상 속 다수의 영역을 매개하는 디지털 미디어에 대한 개인적 · 사회적 의존도가 심화되고 있다. 또한 데이터 기반 네트워크 환경에서 이용자의 정보 검색이나 시청 기록을 토대로 유사 콘텐츠를 제시하는 알고리즘 추천이 갖는 편향성이나 필터 버블 문제도 전 세계적으로 이슈가 되고 있다. 이와 함께 플랫폼 환경의 진화로 공적 커뮤니케이션과 대인커뮤니케이션의 경계가 흐려지면서 소셜 미디어 플랫폼에서 끊임없이 생산 · 재생산 · 확대되는 역정보와 허위정보에 대한 규제 필요성이 제기되고 있기도 하다.

이처럼 미디어 융 · 복합 가속화, 메타버스, 인공지능과 같은 신기술 미디어의 급속한 발전은 미디어 리터러시에 대한 새로운 차원의 사회적 · 학문적 관심을 불러일으켰다(추병완, 2021, 12쪽). 글을 읽고 이해하는 게 필수적인 커뮤니케이션 권리이듯, 미디어 리터러시는 디지털 사회에서 미디어 문화 환경을 살아가기 위한 필수적인 요소로 인식되기 때문이다(박윤미·김슬기·봉미선, 2022).

1930년대 영국의 문화 평론가 리비스와 톰슨(Leavis & Thomson, 1933)이 미디어 리터러시 교육은 영상 언어의 현실 재현이 수용자에게 미치는 영향에 주목해야 한다(Buckingham, Banaji, Carr, Cranmer & Willett, 2005)고 주장했는데, 그 주장은 현재의 미디어 환경에서도 여전히 유효하다. 그러나 AI, 빅데이터와 같은 지능형 미디어 환경에서 미디어 리터러시가 과거부터 강조해왔던 미디어 언어, 재현, 생산, 수용자와 같은 핵심개념은 그 자체로 충분히 기능할 수 있을까.

다수의 연구에서 미디어 사용과 관련되어 발생하는 부정적인 현상들에 관해 논의하고 있는데, 이러한 문제들의 근본적인 해결방안은 미디어 리터러시 문제로 귀결된다(Tandoc et al., 2021, p. 2485). 그러나 미디어 이용자들은 이전까지 논의되지 않았던 다양한 수준의 리터러시 역량을 요구받고 있으며, 때로는 미디어 이용 상황에서 발생하는 문제에 대해 어떠한 태도를 취해야 할지 혼란을 겪기도 한다(Tandoc et al., 2021, p. 2487; 박윤미, 2022, 3-5쪽 재인용).

정보 과부하, 미디어 포화 상황에서 인간의 주의력을 의미 있는 메시지에 할당하는 것은 매우 중요하다(추병완, 2021). 또한 미디어가 일상적인 삶과 긴밀하게 연결되는 상황에서 미디어로부터 이용자를 물리적으로 보호하는 것에는 한계가 있다. 따라서 빠르게 변화하는 미디어 문화 환경에서 개인의 주체성을 지키기 위한 핵심 역량으로서 미디어 리터러시의 의미를 심도 있게 생각해 봐야 할 필요가 있다. 본 장에서는 디지털 미디어 플랫폼 환경에서 미디어 리터러시 교육의 핵심 이슈를 살펴보고, 미디어 리터러시 교육의 지향점에 대해 제시하고자 한다.

미디어 리터러시 개념

리터러시(literacy)란 글을 읽고 쓰는 능력으로서, 통상 '읽기'와 '쓰기'로 정의된다(문혜성, 2020, 15쪽). 리터러시는 문자화된 기록물을 매개로 한 지식, 정보의 획득과 관계되는데, 그러한 이유로 리터러시 개념은 또한 정보를 이해하고 생성하는 정보 수용 관점과 밀접하게 연결된다(Bucher, Fyzeler & Suphan, 2013; 박윤미, 2022). 일반적으로 리터러시를 문해력(文解力, 글을 읽고 이해할 수 있는 능력[1])과 동일하게 생각하는데, 이에 대해 조병영(2021)은 리터러시란 문해력과 문식성(文識性, 글로 표현하고 이해하는 방식을 아는 능력)을 포괄하는 다층적이고 복합적인 개념이라고 설명한다.

리터러시라는 개념에 정보를 전달하는 매개체인 미디어가 덧붙여

---

1) 국립국어원, 표준국어대사전

진 것은 미디어 공간이 전통적으로 읽고 쓰는 방식과 실천에 관한 리터러시의 역할을 재구성하거나 확장하게 했으며, 이 과정에서 미디어 리터러시는 기존의 리터러시와 다른 문화적 의미를 포괄하게 되었음을 의미한다. 미디어 리터러시는 텍스트 중심의 리터러시에서 요구되는 역량과는 다른, 미디어를 읽고 쓰는 일에 대한 새로운 이해(조병영, 2021, 186쪽)가 요구된다.

미디어 리터러시는 다양한 유형으로 미디어에서 제시하는 메시지에 접근하고, 분석하고, 평가하고, 소통하는 능력(Aufderheide, 1993)과 관련된다. 리빙스톤(Livingstone, 2004)은 미디어 리터러시를 다양

〈그림 1〉 미디어는 전통적으로 읽고 쓰는 방식과 실천에 관한 리터러시의 역할을 확장하였다.

한 맥락의 미디어 메시지에 접근하고, 분석하며, 평가하고, 창조하는 능력으로 정의하였으며, 홉스(Hobbs, 2017/2021)는 미디어에 접근(Access)하고, 분석(Analyze)하며, 제작(Create)하고, 성찰(Reflection)하며, 행동(Act)할 수 있는 능력으로 정의하였다. 이처럼 미디어 리터러시는 언어, 동영상, 음악, 음향 효과, 기타 기법을 활용하여 제시되는 미디어 메시지를 분석하고, 평가하며, 창조할 수 있는 능력을 강조한다(Masterman, 1985; Messaris, 1994; Hobbs & Frost, 2003).

미국의 미디어 리터러시 교육기관인 미디어 리터러시 센터(Center for Media Literacy)는 미디어 리터러시 교육이 중요한 이유를 다섯 가지로 설명하고 있다. 첫째, 미디어 리터러시는 민주주의 참여 시민이 되기 위해 필요한 비판적 이해, 자기표현 및 참여 역량을 향상할 수 있다. 둘째, 미디어 소비의 급격히 증가로 인해 매개된 메시지에 노출되는 시간이 길어지면서 미디어를 좀 더 안전하게 이용하기 위해서는 미디어 리터러시가 필요하다. 셋째, 미디어 리터러시는 개인의 인식, 신념, 태도 형성에 영향을 미치는 미디어의 영향력을 이해할 수 있도록 한다. 넷째, 미디어 리터러시는 이미지 기반 커뮤니케이션을 이해하는 데 필요한 역량을 습득하는 데 도움을 준다. 다섯째, 미디어 리터러시 교육은 미디어에 제시된 정보의 출처, 관점 및 대안적 견해에 대한 이해를 함양할 수 있게 한다(Thoman & Jolls, 2008, p. 12).

전 세계적으로 미디어 리터러시는 디지털 미디어 세상을 살아가는 모든 연령의 시민들에게 필요한 핵심 역량으로, 표현의 자유와 정보에 대한 권리 발전, 미디어·정보·통신 분야 경쟁력 확보를 위한 미래 핵심 역량으로 인식되고 있다. 미디어·정보 리터러시 확산에 앞장서고 있는 국제기구 중 하나인 UN 산하 교육, 과학, 문화 기구인 유네스코(United Nations Educational, Scientific and Cultural Organization)가 2021년 발간한 미디어·정보 리터러시 교육과정을 2011년 교육과정과 비교해서 살펴보면, 디지털 기술의 사회적 영향력에 주목하고 있으며, 역정보나 허위조작정보, 혐오표현 영역에 대한 예방 및 회복이 이전에 비해 강조되었음을 알 수 있다. 또한 지적재산권, 프라이버시, 데이터 보호와 같은 이슈가 새롭게 포함된 것을 확인할 수 있다. 이는 미디어 소비자로서가 아닌, 생산자이자 소비자로서의 역할, 디지털 시민으로서 필요한 역량 등을 포괄하는 방향으로 교육과정이 변화하고 있음을 보여준다.

〈표 1〉 유네스코 미디어 · 정보 리터러시 교육과정 변화

2011년	2021년
01. 시민권, 표현 및 정보의 자유, 정보 접근, 민주주의 담론 및 평생 학습	01. 기초 : 미디어와 정보, 기타 주요 개념 소개
02. 뉴스·미디어·정보 윤리 이해	02. 정보와 기술 이해하기
03. 미디어와 정보 리터러시의 재현	03. 연구, 정보 주기, 디지털 정보 처리, 지적재산
04. 미디어와 정보 언어	04. 잘못된 정보, 허위조작정보 및 혐오표현에 맞서는 미디어·정보 리터러시 역량
05. 광고	05. 시민으로서의 수용자
06. 뉴미디어와 전통적인 미디어	06. 미디어 및 정보에서의 재현 : 성평등을 중심으로
07. 인터넷 기회와 도전	07. 미디어와 기술이 콘텐츠에 미치는 영향
08. 정보 리터러시와 도서관 이용 방법	08. 프라이버시, 데이터 보호
09. 커뮤니케이션, MIL과 학습-성취기준	09. 인터넷 기회와 도전
10. 청중	10. 광고와 미디어·정보 리터러시
11. 미디어, 기술, 지구촌	11. 인공지능, 소셜 미디어, 미디어·정보 리터러시 역량
3-5. 디지털 편집, 컴퓨터 리터칭	12. 디지털 미디어, 게임, 전통적 미디어
4-4. 카메라 샷과 앵글	13. 미디어, 기술과 지속가능한 발전 목표: 미디어·정보 리터러시 맥락에서 이해하기
5-5. 전통적 광고와 슈퍼브랜드	14. 커뮤니케이션과 정보, 미디어·정보 리터러시와 학습

출처 : UNESCO(www.unesco.org)
참고 : 숫자는 Module 번호를 의미하며, 2011의 경우 1~9는 필수, 10, 3-5, 4-4, 5-5는 선택으로 분류

04 디지털 미디어 플랫폼 시대, 미디어 리터러시 교육의 실제적 이슈

AI 환경에서 미디어 리터러시

AI(Artificial Intelligence, 인공지능)는 인간의 지적 활동, 즉 시각·언어·감각 이해 능력과 학습 능력 및 추론 능력 등을 인공적으로 구현하여 재현하기 위한 모든 장치 및 시스템을 말한다(이창형, 2020, 82쪽). AI는 인공지능 기술, 머신러닝, 딥러닝으로 구분할 수 있다. 먼저 인공지능 기술은 기계학습 기술의 한 종류인 신경 회로망 기술로, 인간의 뇌 신경세포 뉴런들이 네트워크 형태로 연결된 것을 모방한 알고리즘이다. 머신러닝(Machine Learning)은 컴퓨터가 스스로 방대한 양의 데이터를 분석해 미래를 예측하는 기술이다. 그리고 딥러닝(Deep Learning)이란 인공지능 기반기술에서 머신러닝을 구현하는 기술의 하나로, 머신러닝의 세부 방법론을 통칭하는 심층학습 개념이다(이창형, 2020. 92-98쪽).

학습을 통해 성장하는 인간과 같이 AI 또한 머신러닝, 딥러닝 등을 통해 그 기능이 향상되며 학습 및 추론 기능을 점차 고도화시키고 있다. 동영상 추천 알고리즘 역시 맞춤형 미디어 서비스 제공에 있어 AI 기술을 활용한 사례이다. 이처럼 AI는 미디어 콘텐츠 기획 부터, 제작, 편집, 유통, 소비에 이르는 전 과정에 걸쳐 적용되고 있다. AI는 학습 능력에 따라 비정량화된 정보의 패턴과 특징을 추출하여 결과를 예측할 수 있으며, 인간이 직접 수행하는 것보다 더 높은 수준의 결과물을 보여주기도 한다. 즉, AI는 지식생산과 소비의 보조자 역할에서 지식생산의 주체로서의 역할까지 확대되고 있는 것이다.

AI의 기술적 특성이 미디어 환경 전반에 미치는 영향력은 점점 커지고 있다. 따라서 AI의 편리함을 미디어 생활에 올바르게 활용하기 위해서는 데이터, 알고리즘, 모델링, 윤리적 영향과 같이 AI 리터러시로 제시되는 영역에 대한 충분한 이해가 요구된다(변순용, 2022). 그러나 AI 작동 기제는 블랙박스(black-box)와 같아 추론의 과정과 결과가 불투명하다. 또한 AI는 복잡한 알고리즘으로 설계되어 있어 AI가 제시한 결과의 공정성을 평가하는 것도 어렵다(최은창, 2021, 147쪽). 과정의 불투명성, 결과의 공정성과 같이 AI를 이해하는 데 있어 직면하는 명확한 한계는 AI 미디어 환경을 살아가는 우리에게 중요한 문제이다. 따라서 이제는 상당한 혜택을 주고 있는 AI 기술을 이용하는 한편, 개인과 사회에 미치는 부정적 영향을 줄여나갈 방법을 강구해야 할 시기임이 명백하다.

신문과 텔레비전 등 올드 미디어 시대부터 강조된 미디어 리터러시 핵심 개념은 미디어 메시지를 비판적으로 분석하는 '비판적 이해'

와 밀접히 관련된다. AI로 변화하는 미디어 환경에서 미디어를 주체적으로 이용하는 데 필요한 역량 또한 비판적 이해 관점이 유효하게 작동한다. AI 기술을 적용하여 지능형 미디어로 발전을 거듭해가는 현 상황의 미디어 리터러시는 미디어 언어가 만들어내는 의미가 재현되어 수용자에게 유통되는 각 단계, 또는 그 과정 전반에서 AI가 개입하면서 나타날 수 있는 혜택과 위험을 중심으로 논의해야 한다. 이와 함께 미디어 텍스트에 대한 비판적 분석에서 나아가 다출처 텍스트, 디지털 미디어 플랫폼 자체에 대한 비판적 분석으로까지 확대되어야 할 필요가 있다(정현선, 2020).

특히, AI 환경에서 비판적 이해 중심의 미디어 리터러시 교육은 데이터 편향성, 알고리즘 차별, 개인정보 침해, 사생활 침해, 인권침해, 불투명성, 기술 오·남용과 같이 AI 활용으로 나타난 사회·윤리적 이슈와 연관 지어 생각해 봐야 할 필요가 있다. AI 윤리교육(초·중·고) 교재개발 연구(이현경, 2022)에서 AI 윤리기준으로 제시한 10대 요건은 책임성, 안전성, 투명성, 인권보장, 프라이버시 보호, 다양성 존중, 침해금지, 공공성, 연대성, 데이터 관리이다. 해당 연구에서는 AI 윤리기준을 각 학령기의 특성에 맞춰 놀이, 체험, 탐구 중심으로 구성하여 제시하였다. 여기서 제시한 윤리기준은 책임성, 개인정보보호, 데이터 관리와 같이 AI 환경에서 요구되는 비판적 이해역량과 밀접하게 관계되어 있음을 알 수 있다. 결국, AI 환경에서 미디어 리터러시는 미디어 커뮤니케이션의 참여 주체, 텍스트, AI와 인간의 상호작용이라는 큰 틀에서 논의되어야 할 것이다.

동영상 추천 알고리즘과 미디어 리터러시

동영상 추천 알고리즘은 이용자의 정보 검색이나 시청기록, 그리고 이용자와 유사한 성향의 이용자가 사용하는 서비스 정보를 바탕으로 이용자가 선호할 만한 동영상 서비스를 추천한다(김인식·김자미, 2021). 동영상 추천 알고리즘이 엄청난 양의 데이터를 이용자들이 받아들일 수 있는 추천 형태로 축약하여 제공하면, 사용자는 알고리즘 추천에 따라 제안된 동영상을 중심으로 반복적으로 시청하게 된다. 즉, '당신과 비슷한 사람(people like you)'이 즐길 만한 동영상을 추천하는 것이 동영상 추천 알고리즘의 궁극적 목표인 것이다(Webster, 2014/2016).

동영상 추천 알고리즘을 구성하는 여러 가지 방법 중에서 가장 일반적인 방법은 협업 필터링(collaborative filtering)과 콘텐츠 기반 필터링이다. 협업 필터링은 이용자들로부터 얻은 데이터를 기반으로 개별이용자의 프로파일을 만든 후 해당 이용자와 유사한 프로파일을 갖는 다른 이용자를 비교하여 이용자의 선호를 예측한다(Webster, 2014/2016, 157쪽). 콘텐츠 기반 필터링은 이용자가 시청자 콘텐츠를 분석하여 이와 유사한 콘텐츠를 추천하는 것이다.

한편, 세계 최대의 동영상 플랫폼 중 하나인 유튜브는 구독자수에 따라 경제적 이익이 발생하는 사업 모델을 구축하고 있다. 이와 같은 수익 구조를 악용하는 일부 유튜버들은 경쟁적으로 구독자를 확보하기 위해 사실에 기반한 정보를 제공하는 데 노력을 기울이기보다 더 많은 구독자를 유인할 수 있는 정보를 무분별하게 제시하는 경우가 발생한다. 이와 같은 사례가 동영상 알고리즘 추천과 결합하면 역정보나 허위조작정보가 광범위하게 확산되기도 한다. 또한 추천 알고리즘은 사용자의 관심사에 맞춘 필터링으로 편향된 정보에 갇히게 되는 필터 버블(filter burble) 문제나, 편향된 정보 이용으로 개인의 신념이나 성향이 강화되는 반향실 효과(echo chamber)가 나타나기도 한다.

즉, 동영상 추천 알고리즘은 관련 동영상을 손쉽게 검색할 수 있다는 장점을 가진 반면, 자신과 동일한 신념을 가진 미디어 정보나 기존 태도와 일치하는 정보만을 반복적으로 접하게 되면서 정보 편향성이 고착화되는 문제가 있다. 확증편향(confirmation bias) 측면에서 이를 좀 더 살펴보면, 태도의 극화(attitude polarization)는 동영상 알고리즘 추천이라는 기재와 결합하여 자신의 입장과 일치하는 정보는 더 빈번하게 접하는 선택적 노출을 일으킨다. 또한 정보의 진위와 상관없이 자신의 입장을 강화하는 데 해당 정보를 사용하게 된다(Sears & Freedman, 1967; 김미경, 2019 재인용). 특히 동일한 관점이나 정치 성향을 가진 내집단(ingroup)에게 외집단(outgroup)에 대한 부정적 편견을 갖게 하며, 내집단의 강화된 상호작용(intensified interplay)은 외집단에 대한 부정적 감정을 기하급수적으로 확산시킬 수 있는 기재로 작용하기도 한다(나은영, 2021).

구글, 유튜브, 페이스북, 아마존 등을 포함한 대다수의 플랫폼 기업에서 운영하는 알고리즘은 저작권에 의해 보호받고 있으며, 회사의 영업비밀로 간주하여 공개하지 않고 있다. 그러나 공개하더라도 복잡한 수식으로 이루어진 알고리즘의 내용을 이해하는 것은 일반인에게 어려운 일이다(오세욱·윤현옥, 2022). 따라서 알고리즘 자체에 대한 지식보다는 알고리즘의 추천 방식에 대한 이해를 증진시키고, 추천된 정보에 대한 해석 능력을 향상시킬 수 있는 실용적 차원의 미디어 리터러시 교육이 요구된다. 미디어 리터러시 교육의 핵심 개념인 미디어 언어, 재현, 제작, 수용자에 대한 기본적 이해에 더해 알고리즘이 어떻게 설계하고 구현되는지, 그리고 알고리즘 추천으로 인한 검색의 편리함 이면에 존재하는 알고리즘 추천의 한계는 무엇인지 비판적으로 이해하는 교육과정이 필요하다.[2] 즉, 알고리즘이 개입하는 새로운 미디어 텍스트 환경에서 비판적 리터러시를 어

---

[2] 한 예로, 한국언론진흥재단은 뉴스 배열 알고리즘에 대한 미디어 리터러시 교육을 위해 '뉴스알고'라는 교육용 사이트를 개발하여 이를 활용한 교육과정을 구성하였다. 총 12차시의 교육과정을 통해 알고리즘과 자동 배열 알고리즘에 대한 이론과정을 진행하고, '뉴스알고'를 활용하여 알고리즘 배열을 체험할 수 있도록 구성하였다(오세욱·윤현옥, 2022).

떻게 실천할 것인지 숙고해야 하는 것이다(편지윤, 2022, 38-40쪽).

미디어 리터러시 교육에서 알고리즘에 주목해야 하는 이유는 알고리즘이 디지털 공간에서 텍스트 매개 소통에 강력한 영향력을 미치고 있기 때문이다(편지윤, 2022, 38쪽). 따라서 알고리즘은 뉴스 게이트키퍼나 정보 큐레이터 역할을 수행하고 있으며, 알고리즘이 제시하는 정보는 오류와 편향성을 내재하고 있다는 것을 이용자 스스로 인지하는 교육이 요구된다.

소셜 미디어와 리터러시

소셜 미디어는 접근성이 좋은 모바일이나 웹 기반 기술을 활용하여 이용자가 미디어 콘텐츠를 생성하거나, 공유, 공동 제작 및 수정 등이 가능한 상호작용성이 높은 플랫폼이다(Bertot, Jaeger & Grimes, 2010, p. 266; Kietzmann, Hermakens, McCarthy & Silverstre, 2011, p. 241). 소셜 미디어는 인터넷을 통한 다양한 유형의 서비스 플랫폼을 갖고 있는데, 여기에는 페이스북, 트위터, 카카오톡과 같은 사회관계망서비스(SNS), 유튜브와 같은 콘텐츠 커뮤니티뿐만 아니라, 블로그 및 메타버스와 같은 가상세계도 포함된다. 즉, 소셜 미디어는 웹을 기반으로 하는 애플리케이션 서비스의 일종으로, 미디어 콘텐츠의 생산과 배포를 가능하게 하며, 이용자 간 연결망 구축으로 접근성과 연결성의 정도가 높은 미디어 플랫폼이라 할 수 있다(박윤미, 2022, 11쪽).

젠킨스(Jenkins, 2006, pp. 7-8)는 소셜 미디어에서 미디어를 변형하고 공유하며 정보를 추구하는 모습이 참여 문화의 속성과 맞닿아 있다고 보았다. 특히 그는 SNS와 같은 네트워크 서비스에서 이용자들이 활발하게 교류하는 연대(affiliations) 특성, 위키피디아와 같이 공식적 또는 비공식적으로 구성원 간 협력의 과정에서 문제를 해결하고, 새로운 지식을 만들어가는 협력적 문제 해결(collaborative problem-solving) 특성, 그리고 소셜 미디어 업로드용 콘텐츠를 제작하고, 원하는 콘텐츠를 다른 이용자와 공유함으로써 의미를 더하는 유통(circulation) 특성을 주요하게 언급하였는데, 이는 소셜 미디어 리터러시 개념과 밀접하게 연관된다(박윤미, 2022, 18-19쪽).

소셜 미디어를 통한 이용자 간 사회적 상호작용은 일상적인 커뮤니케이션 방식에 변화를 가져왔다. 사람들은 소셜 미디어 공간에서 사회적 관계를 구축하거나 유지하는 데 소셜 미디어를 활용하고 있으며, 더욱 견고한 관계를 맺는 데 활용하기도 한다. 한편, 소셜 미디어는 공적 영역과 사적 영역의 경계 또는 온라인과 오프라인의 경계를 모호하게 하면서 올드 미디어와는 또 다른 방식으로 이용자의 관여를 유도한다. 이 과정에서 소셜 미디어 메시지가 사회적 반향을 불러일으켜 여론의 방향을 제시하기도 하고, 허위조작정보나 사생활 침해, 사이버불링(cyberbullying)과 같은 부정적 영향으로 피해가 발생하기도 한다. 특히 ICT 발달로 영상 압축이나 데이터 처리 성능이 향상되면서 소셜 미디어를 매개로 비도덕적인 영상이나 가짜뉴스와 같이 출처가 명확하지 않은 정보가 무분별하게 확산되고 있기도 하다.

소셜 미디어를 통해 유포되는 허위조작정보에 대응하기 위해 법적 규제나 자율규제, 팩트체크(fact-check)와 같은 대안이 제시되고 있다. 법적규제와 관련하여 방송법, 언론중재법, 정보통신망법 등(김여라, 2020) 기존의 법 체계에서 허위조작정보를 금지하거나 처벌할 수 있는 방안을 제시하고 있으나, 허위조작정보에 대한 명확한 정의와 범위가 확정되지 않을 시 논란의 소지가 있다. 또한 자율규제를 통해 허위조작정보 제공자의 수익을 차단하거나 인터넷 서비스 사업자 스스로 알고리즘 개선을 유도하는 방안도 제안되고 있으나, 이역시 효과적인 대안이라 하기 어렵다. 그리고 정치인 등 유력 인사의 공식 발언, 기자회견, 보도자료, 소셜 미디어 발언 등을 대상으로 사실을 검증하는 팩트체크 역시 근본적인 대안이라 보기는 어렵다.

　결국, 근본적이고 장기적인 해결 관점 및 허위조작정보의 예방적 차원에서 보면, 소셜 미디어 이용자 스스로가 정보의 진위를 가려낼 수 있는 비판적 이해 중심의 소셜 미디어 리터러시 교육이 필요하다. 이는 미디어 소비 과정을 조절하는 것으로, 미디어 이용자 스스로가 정보의 진위를 가려낼 수 있는 역량을 강화할 수 있는 교육이라 할 수 있다(염정윤·정세훈, 2019). 특히 소셜 미디어 이용의 일상화는 수용자에게 있어 미디어를 통한 소통의 기회이면서 허위조작정보와 같은 부정확한 정보가 무분별하게 확산될 수 있는 위협을 동시에 내포하고 있다. 따라서 소셜 미디어에서 생산되는 미디어 콘텐츠에서 제시하는 정보를 분별하고 비판적으로 이용할 수 있는 리터러시 역량 강화는 미디어 환경 변화라는 맥락에서 볼 때 법적 규제나 자율 규제 또는 팩트체크보다 근본적인 대응방안이 될 수 있다.

〈그림 2〉 소셜 미디어를 통한 커뮤니케이션의 일상화로 소셜 미디어 리터
러시가 더욱 중요해지고 있다.

이처럼, 소셜 미디어 리터러시는 소셜 미디어에서 미디어 텍스트
를 이해, 활용, 공유, 참여하는 데 필요한 지식 및 기술과 관련된다.
기존 미디어 리터러시가 미디어 텍스트를 우선한다면, 소셜 미디어
리터러시는 사회적 맥락에서 텍스트를 파악해야 할 필요가 있는 것
이다. 즉, 소셜 미디어 리터러시는 기본적인 미디어 리터러시 역량
에서 미디어 사용의 사회적·문화적 측면이 강조되고, 관계 중심의
소통 능력이 요구되므로 미디어 리터러시의 확장한 개념(손예희·김
지연, 2019)으로 봐야 한다.

소셜 미디어 리터러시 가운데 디지털 윤리 역량은 기존 미디어 리

터러시에서 언급했던 비판적 이해 역량과 비교하여 좀 더 구체적이고, 적극적인 윤리 의식과 맞닿아 있다. 소셜 미디어는 서비스 제공 초기에 웹 2.0 기반의 온라인 플랫폼에서 직접 제작한 콘텐츠를 업로드하고, 공유하는 진보된 커뮤니케이션 방식의 하나로 보았다. 그러나 소셜 미디어 공간에서 발생하는 부정적 효과가 개인과 사회에 미치는 영향이 점차 커지면서 창의적 이용과 함께 윤리적 이용 측면이 중요한 가치로 부각되었다. 그간 비판적 이해 중심의 미디어 리터러시에서 주목하지 않았던 프라이버시, 신뢰, 소유권, 저작권 등과 같은 디지털 윤리 개념이 소셜 미디어에서 주요하게 취급되어야 할 이슈가 된 것이다. 소셜 미디어에서 디지털 윤리 역량은 상호 연결된 디지털 환경에서 윤리적이고, 안전하며, 책임감 있는 이용을 의미한다(박윤미, 2022, 22쪽). 특히 디지털 윤리에서 중요한 부분은 온라인 환경에서 책임 있는 행동을 하는 것이다(Farmer, 2011; Ribble, 2015). 따라서 소셜 미디어에서 텍스트에 대한 비판적 이해는 사회적 책임과 윤리적 기준에 맞춰 소셜 미디어 공간에서 자신의 커뮤니케이션을 성찰할 수 있는 역량으로 확대되었다. 성찰적 미디어 이용 역량은 소셜 미디어 게시글이 타인에게 미치는 영향력, 윤리적 점검에 대한 숙고를 의미하며, 이는 자신의 커뮤니케이션의 문제점을 재고하며 개선할 수 있게 한다.

04 디지털 미디어 플랫폼 시대, 미디어 리터러시 교육의 실제적 이슈

맺는말

미디어 플랫폼 기업을 포함하여 미디어 시장 전반에서 미디어 이용자의 관심은 수익 창출과 밀접히 연결되는 핵심 요인이자 거래의 대상이다. 그간 미디어 이용자의 관심은 콘텐츠 기획, 제작, 유통, 마케팅 등에 광범위하게 활용되어왔다. 기술이 진화하고 미디어가 다변화되면서 미디어 서비스 제공 주체는 이용자의 관심을 더 효과적으로 파악하고 이끌어낼 수 있는 다양한 방법론을 고안하고 있다. AI의 발전으로 등장한 지능형 미디어는 이용자와 미디어 간 상호작용을 극대화시키며 이용자의 니즈를 충족시키고 있다. 반면 이용자도 모르게 교묘한 방식으로 이들의 관심을 경제적 이익을 창출하는 데 활용하고 있으며, 미디어 메시지 속에 마케팅 요소나 편향적 정보를 포함하기도 한다. 이러한 이유로 미디어 플랫폼은 단지 정보통신 서비스를 제공하는 테크놀로지 기업이 아니라 디지털 사회에서 필수적인 커뮤니케이션 환경을 제공하는 중심축임을 명심해야 한다.

빠르게 진보하고, 급격하게 변화하는 미디어 환경에서 살아가기 위해서는 새로운 기술과 결합한 미디어가 제공하는 혜택은 극대화하면서, 그 이면에 있는 부정적 요인을 극복 또는 완화할 수 있는 미디어 리터러시 교육이 요구된다. 그러나 미디어 리터러시 교육은 자칫 미디어라는 기술적 특성에 매몰되어 그 기술의 특징과 속성을 이해하고 습득하는 것을 교육 내용의 전부로 한정하거나, 교육 시행의 편의상 제작 위주의 수업으로 흘러가기 쉽다. 또한 미디어 접근, 제작과 같은 제한적 교육의 시행으로 미디어 리터러시 교육이 추구하는 민주적 시민 양성이라는 이상적인 목표가 달성될 수 있다고 성급하게 연결 짓는 오류를 범하기도 한다(박윤미·김슬기·봉미선, 2022, 117쪽).

올드 미디어 시대, 미디어 텍스트를 읽고 이해하는 데 새로운 이해가 요구되며 등장한 미디어 리터러시는 보편적 지식과 같은 고정된 개념이 아니다. 미디어 리터러시는 기술의 변화 양상에 따라 이용자의 원활한 미디어 이해와 소통, 그리고 참여를 유인해야 하는 목적을 가진다. 이 과정에서 명심해야 할 것은 기술의 변화에 따라 미디어 이용자의 리터러시를 증진할 수 있는 교육의 방향성은 유연하게 변화하되, 미디어가 작동하는 방식, 소통되는 방식, 세상을 재현하는 방식, 생산되고 소비되는 방식(Buckingham, 2019/2019)에 대한 이해의 과정은 지속적·반복적으로 이루어져야 한다는 것이다. 미디어 이용에서 기술의 진보가 가져온 혜택과 위험은 서로 밀접하게 연결되어 있다. 따라서 미디어 리터러시 그리고 미디어 리터러시 교육

은 다양한 기술과 결합한 미디어를 주체적으로 사용할 수 있는 역량
을 이끌어내는 현명한 도구로서 기능해야 할 것이다.

05

디지털 혐오 시대:
미디어 중재, 부모 미디어
리터러시 교육의 방향

김소영

코로나19 팬데믹으로 시작된 비대면 문화의 확산은 디지털 미디어 활동의 급격한 증가를 불러왔다. 대부분의 일상 활동이 디지털화되어 학교에서 수업을 듣고 친구들과 어울리던 일상조차 지난 2년간 온라인에서 이루어졌으며, 수업조차 온라인으로 이루어지는 상황에서 자녀의 스크린 타임에 대한 부모들의 걱정은 더 치솟았다. 물론 엔데믹으로 전환되며 팬데믹 전의 일상을 많이 회복하였지만 비디지털화에 적응하지 못하여 불만을 토로하는 경우도 많고, 오히려 비대면의 익숙함과 편리함에 팬데믹 시절 구축된 인프라를 수업 환경에 그대로 유지하는 경우도 있다. 게다가 미디어 환경에서 어린 자녀를 보호할 책임은 아동의 스크린 타임이나 온라인 활동을 모니터링하기 위한 여러 지침을 제공받는 부모의 책임으로 인식됨으로써 부모 미디어 리터러시 교육에 대한 중요도가 높아졌다(Barnes & Potter, 2021).

그렇다면 미디어 환경에서 '좋은 부모'란 무엇인지에 대해서 고민하게

〈그림 1〉 온라인 수업에 참여중인 아동의 모습

된다. 월렛(2015)은 미디어 환경에 놓인 아동의 온라인에서의 활동을 부모가 함께 취사하고 평가하며, 감시하여야 한다고 하였다. 온라인은 누구에게나 열려 있는 공간이므로 상업적인 연락 혹은 낯선 사람으로부터의 접촉, 폭력과 같은 부정적인 영향과 위험으로부터 아동을 차단하기 위해 노력하여야 한다고 강조하였다. 실제로 커뮤니케이션학을 공부했던 사람들은 아동의 미디어 노출 연령과 사용 시간이나 방법에 대한 제한의 필요성에 대해 잘 알고 있을 것이다. 미국소아과학회에서는 18개월 이하 유아의 경우 영상물 시청을 제한해야 하며, 18개월 이상 24개월 이하의 유아의 경우 높은 퀄리티의 교육적인 영상물에 한하여 부모의 지도 아래 함께 시청할 것을 권고하였다. 24

〈그림 2〉 부모가 자녀의 스크린 활동에 함께 참여하는 모습

개월 이상 만 5세 이하의 유아도 교육적인 영상물에 한하여 하루 1시간 정도의 시청이 적당하다고 하였다(American Psychological Association, 2019).

이 같은 권고는 인간의 뇌 발달의 대부분이 생후 2년에 일어나며, 그렇기에 다양한 오감을 경험하고 탐험하는 것이 매우 중요하기 때문이다. 따라서 전문가들은 생후 24개월 이하의 유아들의 영상물 시청 제한을 강력히 주장할 수밖에 없다. 그러나 디지털 미디어에 대한 부정적인 시선으로 무조건적인 사용량 통제나 접근 제한과 같은 일차원적인 지도는 현 시대적 맥락에 맞지 않는다는 것을 알 수 있다(Livingstone, 2020).

유엔아동권리위원회에서도 2021년에 〈유엔아동권리위원회 일반 논평 제25호: 디지털 환경에서의 아동권리〉를 내놓으며 인터넷이 보급되기 전인 30여 년 전 만들어진 아동권리협약의 한계를 직시하기도 하였다. 특히 디지털이 기본적으로 제공되는 환경에서 자라나는 요즘 아이들은 미디어에 대한 접촉이 정규교육이 시작되는 훨씬 전인 가정에서부터 이루어진다. 이에 디지털 환경에서 아동의 권리를 보호하기 위한 부모의 미디어에 대한 리터러시 능력이 더욱더 요구됨으로써 미디어 교육의 중요성이 강조된다(정현선, 2021).

부모의 역할과 참여

그렇다면 급변하는 디지털 환경에서 자녀를 위해 부모가 할 수 있는 역할에 대해 고민해 보게 된다. 부모가 자녀의 미디어 중재를 위해 할 수 있는 일은 무엇일까? 전문가들의 어린 자녀의 미디어 사용에 있어 부모의 중재를 매우 중요하게 보는데 이는 부모가 자녀들의 건강한 미디어 환경 조성에 큰 역할을 할 수 있다고 보기 때문이다. 가장 쉽게 부모로서 할 수 있는 역할은 자녀의 미디어 사용 시간에 대해 적절한 기준을 제시하는 것이다. 어떤 콘텐츠를 선택하고 시청해야 하는지, 얼마나, 언제 등의 미디어 사용에 대해 가이드라인을 함께 설정하는 것을 추천한다. 가이드라인을 함께 설정함으로써 자녀는 강요받는다는 생각보다 직접 참여하여 설정한 시간을 지켜야 한다고 느끼게 된다.

앞서 말했듯 어린 자녀의 미디어 활동은 부모에 의해 모니터링 및 관찰되는 것이 좋다. 온라인에서 어떤 콘텐츠를 소비하는지, 누구와 상호작용하는지, 부적절한 내용에 대한 노출이나 혹시라도 발생할 수 있는 위험한 요소를 알면 자녀를 보호하는 데 도움이 될 수 있다고 보기 때문이다. 이때 일방적으로 지켜본다는 느낌은 자녀들로 하여금 감시를 당하고 있다는 생각이 들 수 있게 한다. 따라서 자녀들과 미디어 이용에 대하여 대화를 이끌어 내어 미디어 이용에 대한 경험을 공유하고 올바른 미디어 사용에 대한 이해와 이에 대한 비판적 사고를 기를 수 있도록 상호작용하는 것이 좋다. 특히 부모 스스로가 미디어를 소비하는 패턴의 모범이 되어 좋은 모방을 할 수 있도록 하는 것이 중요하다.

부모 중재 이론

학술적인 관점에서 더 이야기해 보자면 부모 중재 이론(Parental mediation theory)은 디지털 시대에 부모의 역할과 참여에 대해 교육적인 가이드라인을 제시하는 이론이다. 발켄버그, 크르크마르, 피터스와 마르세유(1999)와 네이션(1998)은 부모가 생각하는 미디어의 부정적인 효과를 줄이기 위하여 어떻게 개인간 커뮤니케이션을 이용하는지를 설명하기 위해 부모 중재에 대한 척도를 개발하였다. 중재 전략으로는 활동적인 중재(Active mediation), 제한적인 중재(Restictive mediation), 그리고 상호보기(Co-viewing)를 중재 전략으로 제안했다.

활동적인 중재

활동적인 중재는 부모가 자녀의 미디어 사용을 지원하고 이를 통해 학습 및 성장을 촉진하는 전략이다. 이 전략은 부모가 자녀와 함께 미디어 활동을 진행하고, 자녀의 이해력을 향상시키고 비판적 사고를 기를 수 있도록 돕는 것을 의미한다(Beck & Wood, 1993). 이는 미디어 중재의 가장 전통적인 방법이며, 활동적인 중재를 통해 자녀의 공격적인 행동이나 편향된 세계관의 함양과 같은 부정적인 결과를 완화할 수 있다는 것을 발견했다(Austin, Roberts, & Nass, 1990; Nathanson, 1999). 예를 들어, 부모가 자녀와 함께 영화를 시청하고 이후에 대화를 나누는 경우가 활동적인 중재의 한 예로 볼 수 있다. 부모는 영화의 내용을 자녀와 함께 이해하고 해석하는 과정에서 자녀의 비판적 사고를 유도하며, 이야기 속에서 표현된 가치관이나 메시지에 대해 자녀와 함께 토론하게 된다. 이러한 활동은 자녀의 인지적, 사회적, 문화적 이해력을 증진시키고 미디어 소비에 대한 자각과 분석 능력을 기를 수 있게 한다.

또 다른 예로는 부모가 자녀와 함께 인터넷 검색을 통해 정보를 찾거나 프로젝트를 진행하는 경우이다. 부모는 자녀와 함께 검색 과정을 진행하고 신뢰할 수 있는 소스를 식별하는 방법을 가르치며, 자녀가 찾은 정보를 분석하고 이해하는 과정에서 자녀의 비판적 사고와 정보 탐색 능력을 발전시킬 수 있다. 이를 통해 부모는 자녀가 온라인 환경에서 안전하고 유익한 정보를 찾고 활용할 수 있도록 지원하게 되는 것이다. 활동적인 중재는 부모와 자녀 간의 상호작용과 소통을 강화하며, 자녀가 미디어를 단순히 소비하는 것 이상으로 창의성과 문제 해결 능력을 기를 수 있도록 돕는 중요한 전략이다. 활동적인 중재에 참여하는 부모의 자녀는 미디어 활동을 통해 더욱 풍부한 경험과 학습을 얻을 수 있게 된다(Clark, 2011).

제한적인 중재

제한적인 중재는 부모가 자녀의 미디어 사용을 제한하고 통제하는 전략이다. 이 전략은 부적절한 콘텐츠나 위험한 상호작용을 방지하고 자녀의 안전을 보호하기 위해 사용된다. 특히 부모 중재에 대해 연구하는 연구자들은 제한적인 중재에 적극적으로 참여하는 부모들의 자녀들이 상호보기를 하는 부모들의 자녀들보다 미디어 중재의 효과에 있어 더 긍정적인 결과를 보인다는 것을 발견하였다(Nathanson, 1999). 그러나 너무 낮거나 높은 수준의 제한은 자녀들의 공격성에 영향을 미칠 수 있으며 부모들에 대한 적대감을 조성할 수 있다는 것도 함께 알렸다(Nathanson, 2022). 제한적인 중재의 예로는 부모가 자녀의 스마트폰 사용을 제한하는 경우이다. 자녀에게 특정 시간대나 장소에서 스마트폰 사용을 금지하거나 일정한 시간 제한을 두는 것이다. 이를 통해 부모는 자녀가 잠재적으로 위험한 콘텐츠나 부적절한 온라인상호작용에 노출되지 않도록 방지하며, 학업이나 사회적 활동에 집중할 수 있도록 돕게 된다.

또 다른 예로는 부모가 자녀의 게임 선택을 제한하는 경우다. 부모는 자녀가 플레이하는 게임의 내용과 등급을 검토하고, 부적절한 언어, 폭력적인 요소 또는 성적 콘텐츠가 포함되지 않은 게임을 선택하도록 안내하는 것이 바람직하다. 이를 통해 부모는 자녀의 게임 경험을 적절하게 관리하여 부적절한 영향을 최소화하고, 자녀의 건강한 발달에 도움을 줄 수 있다. 제한적인 중재는 부모가 자녀의 미디어 사용을 지속적으로 모니터링하고, 필요에 따라 제한을 가하는 것을 포함한다. 이러한 전략은 자녀의 미디어 소비에 대한 부모의 책임과 관심을 반영하며, 자녀들이 부적절한 내용이나 위험한 상황에 노출되지 않도록 보호한다.

상호보기

상호보기는 부모와 자녀가 함께 미디어 콘텐츠를 시청하고 활동하는 전략이다. 이 전략은 부모와 자녀 간의 상호작용과 소통을 촉진하며, 자녀의 미디어 경험을 함께 나누고 이해하는 것을 목표로 하는 것이다. 예를 들면, 부모와 자녀가 함께 애니메이션 영화를 시청하는 경우가 있다. 이때 부모는 자녀와 함께 영화를 감상하며, 영화속 이야기에 대해 대화하고 질문을 던지며 자녀의 이해를 도와야 한다. 부모는 영화의 캐릭터의 감정을 이해하고 상황을 해석하는 방법에 대해 자녀와 함께 이야기를 나누며, 캐릭터의 행동에 대한 윤리적인 측면을 논의할 수도 있다. 이러한 상호보기는 자녀의 인지 발달, 감정 인식, 문제 해결 능력을 촉진하고, 가족 간의 소통과 유대감을 향상시킨다고 한다.

또 부모와 자녀가 함께 동영상 강의나 교육 프로그램을 시청하는 경우에 부모는 자녀와 함께 온라인 교육 자료를 활용하여 함께 공부하고, 자녀가 이해하는 데 도움을 주고 설명을 제공할 수 있다. 부모는 강의 내용에 대해 질문하고 자녀와 함께 토론하며, 자녀의 이해도를 확인하고 부족한 부분을 보완하여 자녀의 학습 동기부여와 지식 습득에 도움을 주며, 학습에 대한 긍정적인 태도를 형성하게 된다. 상호보기는 특히 부모와 자녀 간의 상호작용을 강화하며, 자녀가 미디어 콘텐츠를 단순히 소비하는 것 이상으로 미디어를 이해하고 비판적으로 평가할 수 있도록 돕는 중요한 전략으로 본다.

〈그림 3〉 상호보기 중재 예시

부모 미디어 리터러시 교육의 방향

　선행 연구들에 의하면 교육 수준과 소득 수준이 높고 부모의 연령이 낮을수록 디지털 미디어 사용과 관련하여 부모 중재 참여도가 높음을 알 수 있다(Eastin, Greenberg, & Hofschire, 2006). 그러나 많은 부모들이 연구자들이 원하는 만큼 부모 중재에 장기적으로 참여하지 않는다. 이는 많은 부모들이 자신의 자녀들이 다른 자녀들보다 더 성숙하며, 부정적인 콘텐츠를 스스로 식별할 수 있다고 과신하는 데서 온다고 보았다(Livingstone & Helsper, 2008). 하지만 부모 중재의 필요성은 여전히 존재하며, 이러한 결과는 부모들이 부정적인 콘텐츠나 온라인 위험을 식별하고 대처하는 데에 중요한 역할을 할 수 있다는 것을 강조한다.

　따라서 부모들에게 자녀들의 미디어 사용에 적극적으로 참여하고 관심을 가지도록 유도하며 미디어 중재의 중요성과 영향력에 대해 교육하는 것이 필요하다. 따라서 부모들이 자녀의 미디어 사용에 더

나은 이해와 관여를 보이도록 돕는 것은 안전한 온라인 환경 조성과 자녀들의 미디어 리터러시 능력 향상에 기여할 수 있다. 연구 결과를 바탕으로 부모들에게 자녀의 미디어 사용에 대한 중요성과 부모 중재의 필요성을 알리고 부모들의 참여를 촉진하는 프로그램과 교육을 제공하는 것이 중요하다.

부모 미디어 교육의 콘텐츠는 부모 중재 이론을 바탕으로 제안할 수 있다. 앞서 말했듯, 미디어 중재의 중요성과 부모의 역할에 대해 설명하고 미디어가 야기할 수 있는 영향과 위험성에 대해 인식을 시키는 것이 우선이다. 자녀들은 부모가 생각하는 것보다 미성숙함을 알리는 것이다. 특히 부모와 자녀의 상호작용이 중요한데, 가족 활동, 상호보기를 통해 자녀와 함께 미디어를 경험하고 이해하는 과정에서 자연스럽게 중재와 지원을 제공하며 자녀와 함께 미디어 리터러시 능력을 향상시킬 수 있다.

〈그림 4〉 청소년들의 디지털 기기 사용 모습

맺음말

　부모가 참여하는 미디어 중재와 교육은 미성숙한 아이들이 안전하고 적절한 미디어 사용자로 성장할 수 있도록 돕는 핵심적인 역할을 할 수 있다. 디지털 미디어의 급격한 발달로 디지털이 기본으로 제공되는 환경에서 태어나고 자라는 요즘 아이들을 위해 부모들이 미디어 중재에 적극적으로 참여하고 자녀들과 소통하며 비판적 사고력을 강화하는 데 시간을 소비하는 것은 부모로서 꼭 필요한 과제이다. 이를 통해 부모와 자녀 간의 관계와 소통이 촉진되고, 자녀들은 미디어에 대한 올바른 인식과 사용 능력을 갖출 수 있게 되는 것이다. 부모로서 자녀의 미디어 사용에 대한 중요성을 인지하고 지속적인 교육과 지원을 통해 자녀의 미디어 리터러시 능력을 촉진하는 데 힘쓰는 것은 중요하다. 자녀들의 미디어 사용은 현대 사회에서 더 이상 무시할 수 없는 중요한 측면이기 때문이다. 따라서 부모 중재와 미디어 교육은 지속적으로 발전하고 강화되어야 하며, 부모들은 자녀의 안전과 성장을 위해 미디어 사용에 적극적으로 관여하고 지원해야 한다. 부모 중재 참여는 자녀들이 살아가며 겪을 미디어 환경을 조금 더 건강하고 유익한 공간으로 만드는 데 도움이 될 것이다.

06

대학입시 커뮤니티 〈오르비〉에
나타나는 능력주의와 혐오 표현

김선아 김지희 라유빈 민웅기

들어가며

많은 청소년들이 온라인 커뮤니티를 이용하고 있지만, 청소년 이용자의 혐오표현에 관한 연구는 활발하게 이루어지지 않은 편이다. 또한 지금까지 온라인 공간의 혐오표현을 다룬 국내 연구들은 여성혐오나 출신지역, 소수자 집단에 대한 혐오를 다룬 주제가 다수를 차지하고 있으며(김수아, 2015; 양혜승, 2018), 온라인 이용자를 규제하는 방안에 대한 연구도 활발히 진행 중이다(김민정, 2014; 홍성수, 2015). 그런데 온라인 커뮤니티의 주 이용자가 청소년이라면, 그리고 혐오와 차별의 근거가 학업성적이라는 능력주의에 기반한 것이라면 어떻게 접근할 수 있을까? 이 글은 우리나라의 대표적인 대학입시 커뮤니티 '오르비[1]'에 주목하고 게시물과 댓글을 통해 대학입시

---

1) 오르비(https://orbi.kr) 사이트의 정식 명칭은 라틴어 'Orbis Optimus, 오르비스 옵티무스'이지만 주로 오르비라는 약칭으로 쓰이고 있다.

를 매개로 10대 후반~20대 초반의 학생들이 어떠한 방식으로 혐오 표현을 사용하는지 탐구하는 연구이다.

'오르비'는 2000년대 초반 개설되어 2023년 현재 약 120만 명이 넘는 회원수를 기록할 만큼 규모가 큰 커뮤니티인데, 특히 의대 및 명문대학 입학을 목표로 하는 고등학생들이 입시정보를 교환하는 것을 목적으로 출발한 커뮤니티인만큼 학업성적이 우수한 학생들이 주 이용자층을 형성하고 있다. 정보의 내용 역시 상위권 성적의 학생들에게 맞는 내용이기 때문에 평범한 성적대의 청소년들에게는 진입장벽이 될 수 있다. 오르비의 주요 카테고리로는 입시 자료, 입시 분석, 학습 자료, 공부 질문, 문제집 평가, 생활상담실, 나의 다짐, 힘이 되는 글 등이 있다. 특히 대학별, 입시전형별로 정리된 입시 자료는 구체적인 수치나 사례와 함께 제시됨으로써 수험생들에게 있어 대학교에서 제공하는 공식자료 이상으로 중요한 정보가 된다. 뿐만 아니라 오르비는 단순히 입시정보를 나누는 것에 그치지 않고 게시글과 댓글을 통해 각자의 입시·진로 고민을 나누는 공간이 됨으로써 이용자들이 열심히 공부할 수 있도록 동기부여를 해주기도 한다.

하지만 오르비는 수험생들이 서로를 차별하고 비하하며 혐오 표현이 난무하는 공간이기도 하다. 특히 의료계열(의대, 약대, 한의대 등) 진학만을 가치 있는 것으로 여기는 구별짓기, 비(非)명문대를 무시하는 문화, 특목고와 자사고를 우위에 두고 일반고를 무시하는 문화, 정시 수험생이 수시 수험생을 비하하는 행태 등 대학 입학을 둘러싸고 치열한 비방 논쟁이 이루어진다.[2] 그런데 오르비의 특이한 모습은 혐오 표현으로 공격받는 집단이 적극적으로 반박하고 대항하기보다 스스로의 상황을 자조하는 식의 자기혐오가 나타나고 서열화된 대학과 성적에 따른 차별을 당연시하는 분위기가 만연하다는 점이다. 이처럼 입시성적에 기반한 서열화와 혐오표현이 만연한 오르비 특유의 문화는 청소년들로 하여금 다양한 대학과 전공의 위상이 수직적이고 절대불변한 것처럼 내면화하고, 고등학교 때의 학업성취에 따른 차별을 정당화하는 기제로 작용할 수 있다.

우리나라에서 대학교에 진학함에 있어 미래의 기대소득과 사회적 지위에 따라 대학 선호도가 다르다는 것은 사실이지만, 〈오르비〉 사이트에서는 그 서열화 담론이 극대화되어 나타나고 있는데, 이는 입시성적과 대학교 간판을 근거로 한 차별을 정당화하는 능력주의(meritocracy) 담론과도 맞닿아 있다. 온라인 공간에서 흔히 나타나는 혐오표현이 여성, 소수자, 특정지역 출신, 외국인에 대한 공격이라면, 오르비에서의 혐오표현은 철저히 성적이 높은 사람(또는 학벌자원을 가진 사람)이 그렇지 않은 사람을 공격하고 조롱하는 양상으로 나타나고 있으며, 대학 입시 과정에서 사회적 약자로 배려받아 좋은 대학에 가는 것 역시 불공정한 이익을 취한 것으로 매도한다. 이처럼 오르비는 수험생들에게 학습 동기를 부여하고 구체적인 입시 정

---

2) 여러 온라인 공간과 마찬가지로 여성혐오, 출신지역에 따른 혐오표현도 많지만, 이 논문에서는 입시성적과 관련된 혐오표현에 주목하고자 한다.

보를 제공하는 등 긍정적인 공론장 기능을 수행하기도 하지만, 대학을 서열화하고 경쟁의 승리자를 우상화하며, 열등하다고 여겨지는 집단을 배제하고 혐오하는 장으로 작동한다. 본 연구진은 능력주의와 혐오표현이라는 개념을 통해 대학 입시 커뮤니티 오르비 공간을 살펴보고자 한다.

온라인 공간의 혐오 표현

언론학 연구에서 '혐오 표현이란 무엇인가?'에 대한 논의를 살펴보자. 혐오 표현에 관한 학계의 견해는 매우 다양하지만 일반적으로 '인종, 성, 연령, 민족, 국적, 종교, 성 정체성, 장애, 언어능력, 도덕관 또는 정치적 견해, 사회적 계급, 직업 및 외모, 지적능력' 등에 기반하여 특정한 그룹에 가해지는 '욕하거나, 공격하거나, 또는 모욕하는 표현'을 의미한다(박승호, 2019; 이주영, 2015). 즉 혐오 표현을 포괄적으로 정의하면 '개인 혹은 집단에게 그들이 가지고 있는 특성을 이유로 욕하거나, 공격하거나, 모욕하려는 의도를 가지고 행해지는 표현'이라고 할 수 있다. 오르비 이용자의 연령대와 비슷한 온라인 공간인 대학생 커뮤니티를 대상으로 혐오 표현 양상을 살펴본 연구에 따르면, 특정 지역에 관한 혐오 표현을 제외하면 여성, 노인, 성소수자, 이주민, 장애인 순으로 혐오 표현 사용 빈도가 높게 나타났다(최유숙, 2019).

혐오 표현에서 문제가 되는 것은 주로 사회적인 권력관계에서 약자의 위치에 있는 사람들이 공격의 대상이 된다는 점이며, 인터넷과 소셜 미디어를 통해 누구나 여과 없이 이러한 공격적 표현에 노출된다는 점이다. 물론 온라인 공간에서는 흑인이 백인을, 여성이 남성을 공격하는 역공(逆攻) 현상도 얼마든지 존재하지만, 인간이 가진 '어떠한 특징'에 기반하여 공격을 할 때 사회경제적 자원을 덜 가진 사람들이 공격에 더욱 취약한 것은 자명하다. 온라인 공간에 혐오 표현이 증가하고, 이용자들이 장기간 이런 표현에 노출될 경우 특정 개인이나 집단에게 차별적인 태도를 갖게 될 수 있다는 점에서 사회적 심각성이 크다.

이 글에서는 '대학 입시 온라인 커뮤니티'에서 나타나는 혐오 표현에 주목하였는데, 오르비의 주 사용자는 대입을 앞둔 수험생들과 대입을 마친 대학생들로 10대 후반～20대 초반이 이용자의 대부분을 차지하고 있다. 오르비는 커뮤니티 기능뿐 아니라 입시와 관련된 다양한 콘텐츠를 제공함으로써 많은 사용자를 보유하고 있는데, 구체적으로 오르비 사이트는 자체적인 문제집 및 인터넷 강의 판매 사이트와 연계되어 있고, 커뮤니티 공간에서 모의고사 해설, 수능 기출 문제 분석서 등 학습 자료 및 입시 자료를 공유하는 사용자들 또한 많다. 온라인 커뮤니티의 생존은 그곳에서 지속적으로 창출되는 정보와 콘텐츠에 달려 있음을 고려했을 때(박도형, 2014), 오르비가 수험생들에게 매우 매력적인 온라인 공간임은 분명하다.

한편 대학입시를 마친 대학생들은 먼저 입시를 경험한 사람으로서

후배인 수험생들에게 조언자, 길잡이, 멘토와도 같은 역할을 할 수 있기 때문에 이용을 지속하고 있다. 오르비는 애초에 성적이 우수한 학생들이 이용하는 커뮤니티이며, 게시판 내에서도 대학서열화 성향이 매우 강한데, 오르비에서 활동하기에 적절한 대학생들이란 '성공적인(명문대학교에 합격한)' 선배 경험자인 것이다. 수험생들은 그들에게 구체적이고 실천적인 조언을 구하며, 대학생 이용자가 질문에 대한 답을 남겼을 때 그들은 존경의 대상이 된다. 아래의 사진은 오르비에서 존경의 의미를 표현하는, 일종의 밈(meme)으로 사용되고 있는 대표적인 오리 이모티콘의 이미지이다.

〈그림 1〉 '존경'을 의미하는 이모티콘

오르비 공간에서 수험생들이 선배들로부터 학습 도움을 받는 것처럼 긍정적인 영향만 받는다면 좋겠지만, 앞서 말한 '성공적인' 대학입시에 근거한 존경의 마음은 그 반대일 경우 적나라한 혐오로 이어진다. 존경스럽지 않은 학벌, 정량적 평가가 아닌 방식의 입시전형, 노동시장에서 유망하지 않은 학과 등 철저히 성적과 학벌에 기반하여 존경의 정반대인 혐오의 감정을 표출하는 것이다. 심각한 문제는 아직 자아가 형성되지 않은 청소년들이 지속적으로 혐오 표현에 노출될 경우, 개인의 비판적 의식을 억압시키며 오용된 언어의 해석을 맹목적으로 수용할 수 있다는 점이다(장희진·조아미, 2021). 이러한 맥락에서 오르비에서 사용되는 혐오 표현은 다른 온라인 공간에서의 그것보다 더욱 중요하게 다루어질 필요가 있다.

능력주의와 대학입시

   능력주의(meritocracy)의 등장은 전통사회 귀족주의의 반대 개념으로 대두된 개념으로(강준만, 2016) 사람의 출신이나 가족 배경이 아닌, 본인의 지능과 노력(intelligence and effort)에 따라 차등적 보상과 사회적 지위 분배가 이루어지는 체제를 의미한다. 한동안 한국사회에서는 개인의 능력과 노력에 따른 보상이 담보된다는 점에서 능력주의를 공정하고 평등한 것으로 믿었고, 그 핵심에는 '대학'이 있었다. 때문에 고등학교 교육현장에서도 입시 경쟁을 통해 상위권 학생에게는 명성(fame)을, 하위권 학생에게는 낙인(stigma)을 주는 모습이 흔히 벌어져왔다. 하지만 능력주의가 제대로 작동하기 위해서는 반드시 균등한 기회, 곧 절차적 공정성이 전제되어야 하는데, 2000년대 이후 국내외의 많은 연구들을 통해 학생의 학업성취도와 부모의 경제력 사이에 높은 상관관계가 있다는 사실이 드러났다.

   그럼에도 오르비의 문법에 따르면, 능력을 평가할 수 있는 가장 공정한 제도는 시험이며, 그중에서도 '수능점수'만이 능력을 측정하는 객관적인 수단으로 여겨진다. 이들은 개별 학교가 주관하는 평가 기준인 내신과 학생부를 신뢰하지 않고, 신뢰하고 싶지도 않아 한다. 내신은 수능보다 질이 떨어지며 특히 비(非)명문 고등학교, 학군이 좋지 않은 동네에서 얻은 좋은 내신성적은 명문 고등학교에서의 내신과 비교할 수 없기 때문이다. 또한 학생부는 교사의 개인적 주관이 개입될 여지가 크기 때문에 신뢰할 수 없다고 말한다. 하지만 개별 학교의 수준이 드러나는 '학군'은 결국 계급적 지위와 뗄 수 없는 요소라는 점에서 능력주의의 공정성에 대해 의문을 제기하게 된다. 선행연구에 따르면 중고등학생의 학업성취도와 주변 지역의 아파트 가격은 통계적으로 유의한 관계를 가지고 있으며(안문영·추준석, 2017), 가계소득 최고집단과 최저집단의 사교육비 지출규모는 시기에 따라 3~5배 정도까지 차이가 나고 있다(김현철·서은경, 2018).

뿐만 아니라 오르비 이용자들이 수시전형을 불신하는 근본적인 이유는 수시전형이 정시전형(수능 공부)에 비해 훨씬 적은 노력을 요구하며, 본인의 수능 성적 대비 더 좋은 대학에 갈 수 있으므로 '공정'하지 못한다는 것이다. 수능 시험만이 공정하게 능력을 측정할 수 있는 절대적이고 객관적인 지표이고, 수능점수에 따라 대학을 다르게, 더 나아가 대우를 다르게 해야 한다는 주장은 "형식적인 기회균등의 원칙에 집착하면서 승자독식에 따른 심각한 결과의 불평등을 용인하자는 '능력주의적 공정'을 외치고 있는" 것이다(김동춘, 2022; 장은주, 2021). 오르비에서 통용되는 '능력주의적 공정'은 단어 자체에 내재한 서열 의식을 개인이 내면화하도록 할 뿐 아니라, 의문을 가져서는 안 되고 도전할 수도 없는 절대적인 가치로 포장된다. 온갖 '~충'으로 끝나는 혐오의 메시지가 난무하는 온라인 공간에서 유일하게 모두에게 인정받을 수 있는 수단은 수학능력 시험에서 높은 점수를 받는 것이다.

능력주의와 혐오놀이(meme)

커뮤니티 내의 완장

오르비 사이트에는 이용자가 대학 합격을 인증했을 때 받을 수 있는 배지(badge)가 있다. 이 배지는 커뮤니티 이용자 간의 서열의식의 증명이자 커뮤니티 공간에서 쓰이는 개인의 중요한 아이덴티티 역할을 한다. 일명 '의치한약수'(의대·치대·한의대·약대·수의대)로 불리는 메디컬 대학이 최상위 진영을 차지하고, '서연고서성한….'(서울대·연세대·고려대·서강대·성균관대·한양대)으로 시작하는 각 대학들의 서열 사이에는 넘을 수 없는 차이가 있다는 게 그들의 문화이다. 배지를 달고 게시판에 글을 쓰거나 댓글을 쓰는 커뮤니케이션 과정에서 이용자는 배지의 위상에 걸맞는 대우를 받는다.

인터넷 이용 초창기의 연구에 따르면, 익명의 온라인 소통공간에서는 성별, 나이, 계급 등 사회적 맥락보다 커뮤니케이터의 메시지 자체에 기반한 커뮤니케이션이 이루어질 수 있을 것으로 보았다. 누

〈그림 2〉 서열화된 대학교 배지

구에게나 열려 있는 평등한 공론장에서 자유롭게 소통함으로써 민
주주의의 가능성을 긍정적으로 평가하기도 하였다(Dahlgren, 2009).
실제로 디지털 미디어 시대의 설득이란 의사소통능력이 뛰어날수록
효과가 있으며, 온라인 공론장에서는 커뮤니케이터가 높은 품질의
논변을 제시할 때 공론장 참여자들의 호응도 높았다(김지희, 2020; 이
준웅·김은미·김현석, 2007). 그러나 오르비에서는 대학 간판을 근거로
화자의 온라인 공간에서의 위상이 결정되고, 배지가 소통과정에서
의 설득력을 담보해주는 기이한 모습이 나타난다.

이러한 특유의 문화는 수능성적에 기반한 능력주의에서 오는데, 자신의 점수로 정체성을 구성한 온라인 공간에서 나보다 낮은 등급을 받은 이들을 차별하고 혐오할 수 있다는 심리적 기제가 내면화되고, 이는 다시금 점수에 기반한 능력주의를 공고히 한다. 하지만 고등학생이 공부를 열심히 하는 것은 지극히 당연한 과제이기 때문에 억울하면 공부에 더 노력을 쏟으면 될 일이다. 즉 학생으로서 지극히 바람직한 '노력'을 통해 정당성을 획득한 '우수한' 학생들이 그렇지 않은 학생들을 공격하고, 공격받은 학생들은 이를 수용하며 심지어 자조하는 태도가 나타난다(이종임·박진우·이선민, 2021). 능력주의에서 출발해 다시금 능력주의를 공고하게 하는 자기반복적인 일련의 과정인 셈이다.

　그러나 이 과정에서 사회적 자원의 불균등함이나 개인의 서사와 맥락은 지워진다. 지방에 거주하는 학생들이 서울보다 학습 자원에 대한 접근성이 떨어진다는 사실, 사회경제적으로 높은 계층에 있는 학생일수록 어릴 때부터 좋은 교육환경에서 성장한다는 사실은 전혀 고려되지 않는다. 수치화된 점수대로 자연스럽게 등급이 매겨질 뿐 아니라 내가 능력이 없다는 사실이 증명되면 혐오와 공격에 노출될 수 있으며, (사회적 배려 전형을 통해) 상대적으로 쉽게 대학에 갈 수 있음에도 그것을 이루지 못한 사람으로 매도되기도 한다.

평범한 고등학교에 대한 혐오

오르비에서 흔히 쓰이는 표현으로 'ㅈ반고'와 '똥통고'를 들 수 있다. 'ㅈ반고'란 비속어 '좆같다'와 '일반고'를 조합한 단어이며, '똥통고'는 '똥통 같은 일반고'를 의미한다. 그리고 이러한 표현의 대척점이 있는 단어가 '갓반고'이다. '갓반고'란 '갓(god)'과 '일반고'를 조합한 단어로 '갓(god)처럼 공부 잘하는 학생들이 많은 일반고'를 의미한다. 이처럼 오르비에서는 일반고등학교 중에서도 '하위권이라고 여겨지는' 일반 고등학교를 혐오하는 표현을 사용한다는 특징이 있는데 그 명확한 기준은 '우수한 대학 입시 결과'에 근거한다. 이 때 ㅈ반고 학생들을 향한 혐오를 정당화하는 것은 바로 수시 전형 때문인데, 첫째, 내신 시험은 지역/학교별로 수준 차이가 발생할 수밖에 없으므로 수능에 비해 객관적인 능력 평가가 이뤄지지 않는다는 점, 둘째, 특목고/자사고/상위권 일반고에 비해 하위권 일반고에는 공부를 못하는, 혹은 안 하는 학생들이 많고, 상대적으로 쉽게 우수한 내신 성적을 얻을 수 있어 수시 전형을 통해(정시 전형으로 도전했더라면 합격할 수 없었을) 좋은 대학교에 입학한다는 점이 혐오의 이유이다.

아래 인용구는 2022년 일정기간 오르비의 '오늘의 추천글'에 달린 댓글들이다. 앞에서부터 차례대로 작성자의 닉네임, 작성 날짜, 작성 내용의 순서로 인용했으며, 괄호 안에 작게 적힌 글씨는 내용의 이해를 돕기 위한 연구자의 첨언이다.

- 박수치는 애기(2022. 4. 22.): ㅈ반(ㅈ반고)은 1등도 정시로 건동홍 (건국대, 동국대, 홍익대) 이상 갈 수 있을지도 미지수인 경우 많아요(좋아요 20)

- 이 협(2022. 4. 22.): 우리동네 ㅈ반고 전교2등이 모고(모의고사) 3~4등급이었음 수시로 한양대감(좋아요 10)

- 전 정말 착합니다(2022. 4. 22.): 어디고라고는 말안하는데 중학교 내신 99퍼(하위권) 애들 모아놓은 고등학교있는데 아는 중딩 양아치 친구가 거기서 전교 1등해서 성대 경영(성균관대학교 경영학과)감 ㅋㅋㅋ 열심히 했을 수도 있지라고? 매주 술마시고, 타투하고 시험수준 검정고시보다 쉬운데 거기서 1등한게 열심히 한거라면 오르비언 (오르비 사용자)들 다 의대? 존홉의(존스 홉킨스 대학교의 의과대학)는 갔을 듯 거기서 느꼈다 우리나라 수시는 ㅈ병ㅅ(좆병신) 제도라고 정시가 그나마 그나마 제일 공정한 거 같다(좋아요 16)

- 위 댓글의 답글, 전 정말 착합니다(2022. 4. 22.): 진짜 걔 현역으로 성대경영가는거 보고 내 노력이 부정 당한 거 같아서 너무 분했다

고등학교 1,2 학년 때 놀다가 맘먹고 고3 때 야자하면서 진짜 하루에 4-5시간자면서 공부해도 그 당시에 재수를 하게 되었는데 걔는 페북에 술마시는거 올라오고 그러는데 ㅅㅂ 성대 경영을 감 너무 억울했음 장담하는데 걔가 내가 한 노력에 1/3만해서 간다해도 안 억울할 듯(좋아요 19)

- ㅇㅈㅇㄸ(2022. 4. 22.): 맞말(맞는 말)인데 제도 자체는 ㅈㄴ(존나) 이상한게 맞는듯. 그 사람들의 노력을 인정 안해주겠다는게 아니라 이게 같은 전교 1등 내신 씹탑급(매우 우수한 급) 이더라도 지역, 학교별로 차이가 너무 심하게 나니 그게 문제라는거 /(줄 바꿈) 그래서 나름대로 이 문제의 보완책이 최저등급(수시 전형의 평가 요소 중 하나로, 수능에서 대학이 제시하는 최저등급을 받아야 합격할 수 있다. 수시 전형에 따라 수능 최저등급이 존재하기도, 존재하지 않기도 한다.)인건데 이것마저도 모든 과목의 최저등급을 정해놓는 것도 아니고 컷도 그리 높지 않으니(정시로 그 대학에 합격하고자 했을 때 필요한 수능 등급에 비하여 수시 전형이 제시하는 최저 등급은 쉬운 수준이니) 근본적인 문제를 해결하기엔 너무나 역부족이라는거. 이러니 자신의 실력보다 높은 곳을 지원할 수 있는게 수시라는거고, 이 말에 대해선 큰 이견이 없을거라고 생각함(좋아요 5)

위와 같은 담론이 지배적인 상황에서, 일반고 학생들의 자기방어는 크게 두 가지 양상으로 나타난다. 하나는 자신을 공격하는 자들에 대한 감정적인 공격이다. 명확한 근거를 제시하며 자신을 옹호하기보다는, 온라인 커뮤니티 특유의 모습 그대로 자기방어를 하는 것인데, 공격자들을 향한 공격이 담긴 대표적인 게시물을 인용하였다.

- 상쓰(2022. 1. 31.): 꼬우면 수시하세요들 ㅋㅋ(게시물의 제목이어서 굵게 표시하였다) 아스팔트길 놔두고 진흙탕 밟고 갔으면서 왜 저기만 편하냐고 징징대네 ㅋㅋ. - [3]

또 다른 자기방어의 방법은 자신의 고등학교가 하위권 일반고임을 인정하되, 자신은 흔한 하위권 일반고 학생과 다르다는 '구별짓기'의 전략인데, 이때 '황금세대'라는 독특한 표현이 사용된다. 황금세대란 '평소에 비해 자신이 입학한 해에 자신이 재학 중인 고등학교에 학업 수준이 높은 학생(동기)들이 많이 입학하였음'을 의미한다. 다시 말해 '내가 다니는 학교는 ㅈ반고이지만, 나는 '황금세대'여서 이례적으로, 유난히 내신 경쟁이 치열했다'는 것을 입증하는 것이다.

- 위 댓글의 답글, 추나장인김덕배(2022. 3. 24.): 맞아요 그리고 전학온 일반고가 하필이면 황금세대더라구요.. ㅜ(좋아요 1)

---

3) 상쓰, 「꼬우면 수시하세요들 ㅋㅋ」『오르비』 2022. 1. 31, 〈https://orbi.kr/00043652664/%EA%BC%AC%EC%9A%B0%EB%A9%B4-%EC%88%98%EC%8B%9C%ED%95%98%EC%84%B8%EC%9A%94%EB%93%A4-%E3%85%8B%E3%85%8B?page=66〉, 2022. 9. 30.

- 위 댓글의 답글, MonkeyTypewriter(2022. 3. 24.): 제가 그 기분 압니다 ㅋㅋㅋ 제가 황금세대였어서(좋아요 1)
- 위 댓글의 답글, 냥캣(2022. 3. 25.): ㅈ반고라 노라고(노리고) 갔는데 알고보니 인천 ㅈ반고중 손꼽히게 올해 (대학을) 잘보낸..(좋아요 2)[4]

이 표현의 핵심은 '나는 일반적인 ㅈ반고 학생들과 달리 적은 노력으로 쉽게 높은 내신을 받지 않음'에 있는데, '노력에 부합하는 내신 성적을 받는가?'는 ㅈ반고와 갓반고를 나누는 중요한 기준이기 때문이다.

오르비에서는 평범한 고등학교를 무시하는 경향과 함께 수시를 무시하는 분위기가 만연하다.[5] 특히 학생부 종합 전형의 입시 결과가 일반적인 대학의 서열을 뒤흔들었을 때, 예를 들어 서열이 높은 대학교에는 붙었는데 그보다 서열이 낮은 대학교에서는 떨어졌을 때 이를 '알 수 없는 선발기준'으로 묘사하며, 신랄한 비난의 근거로 쓰인다.[6] 수직적 서열화가 흐트러진다는 것은 곧 제도적 불공정함을

---

4) 추나장인김덕배, 「선생님들의 가스라이팅에 굴하지 마세요」 『오르비』 2022. 3. 24, 〈https://orbi.kr/00055734939/%EC%84%A0%EC%83%9D%EB%8B%98%EB%93%A4%EC%9D%98-%EA%B0%80%EC%8A%A4%EB%9D%BC%EC%9D%B4%ED%8C%85%EC%97%90-%EA%B5%B4%ED%95%98%EC%A7%80-%EB%A7%88%EC%84%B8%EC%9A%94?page=38〉, 2022. 9. 30.

5) 해 원, 「ㅅㅂ 솔직히 수시충들 역겨움」 『오르비』 2022. 5. 7, 〈https://orbi.kr/00056549652〉, 2022. 9. 12.

6) 내신ㅈ된 사람, 「학종이 너무 ㅈ같은 이유」 『오르비』 2022. 4. 10, 〈https://orbi.

상징하는 것이다.

때문에 커뮤니티 사용자(오르비언)들은 수시 지원자에게 '수시충'
이라는 혐오 표현을 사용하지만, 정시를 준비하는 사람은 '정시파이
터'라고 부르고 있다. 오르비 내부에는 수시전형을 비난하는 그들만
의 논리가 형성되어 있다. 이들의 수시생에 대한 혐오는 수능과 내
신 시험의 비교에서 출발하는데, 고등학교 내신이란, 쓸데없고, 소
모적이고, 지엽적이고, 무조건 암기해야 하며, 선생님께 아첨해야
좋은 결과를 얻을 수 있다.[7] 무엇보다 공부를 못하는 학교에 다닌다
면 내신 따기가 매우 쉬워 적은 노력으로 자신이 받는 수능 점수에
비해 잘 간다는 것이다. 이와 대비되는 수능은 공정하고, 퀄리티가
좋으며, 절대적이고 신뢰할 수 있는 지표이다. 수시전형 중에서도
학생부 교과 전형 및 지역 균형 선발 전형(지역인재 전형)의 경우 특
히 심각한 비난의 대상이 된다.

- supaboy(2022. 5. 10.): 설의(서울대 의대) 수시충도 많아서 수준 좀
  낮은것도 있음 오히려 다른 메이저 의대가 더 수준 높을 듯(좋아
  요 4)
- 위 게시물의 댓글, 오른의아들오른손(2022. 5. 10.): 솔직히 맞는거

---

kr/00056097402⟩, 2022. 9. 12.

7) TVWXYXWVT, 「이제 연고티비에게 바라는 것」 『오르비』 2022. 9. 11, ⟨https://orbi.
kr/00058352538⟩, 2022. 9. 12.

같기도 함 설의는 대부분이 수시라…연카울성고(연대·카톨릭대 울산

대 성균관대 고려대) 정시 입학생이 더 공부 잘할수도?(좋아요 12)[8]

이처럼 'ㅈ반고 수시충'은 내신 따기 쉬운 학교에 진학해 능력이 없고 노력도 적게 하는데 좋은 대학에 간다는 식으로 스테레오 타입화되는 반면, '갓반고' 수시생은 정시와 수시를 모두 챙기고, 그런 어려움을 커뮤니티 내에서도 인정해준다. 흥미로운 것은 커뮤니티 내부에서는 이미 서울과 지방의 공부 환경 및 접근성 차이를 자원으로서 인지하고 있으며 누군가 지역인재 전형을 비난할 때 이것을 근거로 지역인재 전형에 대해 함부로 비난하지 말라는 댓글 또한 달리고, 이를 인정하는 이용자들 또한 꽤 있다. 하지만 지방에 살아도 인터넷 강의를 들을 수 있고, 교육환경에 있어 실질적인 차이가 나지 않으며, 중요한 것은 얼마나 노력하느냐이므로 지역인재 전형이 불공평하다고 말하는 사람들과 지방의 인프라 및 교육 환경은 서울과 급이 다르며 겪어보지 않고는 함부로 말하지 말라는 사람들의 의견이 충돌하기도 한다.[9]

---

8) supaboy, 「설의 수시충도 많아서」 『오르비』 2022. 5. 10, 〈https://orbi.kr/00056600692〉, 2022. 9. 12.

9) 21번 답 4번, 「강남, 서울 이득이라고?」 『오르비』 2019. 10. 29, 〈https://orbi.kr/00025137571〉, 2022. 9. 12.

의학계열, 경쟁의 정점이자 끝없는 서열화의 영역

혐오 표현이 난무하는 오르비 공간에서 가장 당당하게 활동할 수 있는 존재는 바로 의과대학 합격생이다. 자신의 프로필에 붙어 있는 '의대 배지'를 통해 의대 합격자라는 것을 증명한다면 출신지역, 출신고등학교를 막론하고 부러움의 대상이 된다. 실제로 본인의 고등학교를 "ㅈ반고"[10]라고 표현하더라도 의대 합격생의 게시물에는 공부 방법 질문, 칭찬 등의 댓글이 대부분이고, 본인 외에는 아무도 ㅈ반고와 똥통고 등 하위권 일반고와 관련된 혐오 표현을 사용하지 않는 것이 일종의 룰이다. 하지만 이 경우에도 수시와 정시 중 어떤 전형으로 의대에 합격했는지에 따라 대접이 다르게 나타난다. 평범한 일반고에서 수시 전형으로 의대에 합격한 사람이 올린 게시물의

---

10) 아?야,「수시질받」,『오르비』, 2022. 4. 6, ⟨https://orbi.kr/00056019224/%EC%88%98%
EC%8B%9C%EC%A7%88%EB%B0%9B?page=34⟩, 2022. 9. 30.

경우 공부법 질문과 칭찬 댓글들 사이에 아래와 같이 게시물 작성자의 능력을 의심하는 댓글이 존재한 반면, 정시 전형으로 의대에 합격한 사람이 올린 비슷한 게시물[11]의 경우 그러한 댓글을 찾아볼 수 없었다.

- Negev(2022. 4. 6.): 정시등급은 외(왜) 안알려조(좋아요 0)

- 위 댓글의 답글, 아?야(2022. 4. 7.): 비. 밀(좋아요 0)

- 515chan(2022. 4. 7.): 내신 1.1 입장에서(작성자가 게시물에서 자신의 내신 성적이 1.1이라고 밝힌 상황이다) 본인 학교의 내신 시험의 질에 대해 어떻게 생각하시나요? 내신시험의 방향성이 미래형 인재 양성에 적합한 방향일까요?(좋아요 1)

- 위 댓글의 답글, 아?야(2022. 4. 7.): 우리학교 내신의 질은 뭐⋯ 걍 실력이 다소 떨어지더라도 암기 위주로 나와서열심히 외우면 어느 정도 나오는 구조였음(어케보면 부당하지만 어케보면 합리적임) 미래형 인재 양성의 방향은 정시든 수시든 크게 적합하다고는 생각은 안 하지만 정시는 수험자의 공평한 기회를 제공하지만 대학에서는 크게 도움이 되지 않지만 수시는 정시보다 공평하지는 않지만(단

---

11) 0303030, 「현역 정시 인설의 질받」,『오르비』, 2022. 3. 17, 〈https://orbi.kr/0
0055565370/%ED%98%84%EC%97%AD-%EC%A0%95%EC%8B%9C-
%EC%9D%B8%EC%84%A4%EC%9D%98-%EC%A7%88%EB%B0%9B?page=42〉,
2022. 9. 30.

순히 걍 나쁘다고도 볼 수 있음)대학에서 공부하는 방식 과는 그나마 유사하다고 생각해요 결론은 정시든 수시든 미래인재 양성에는 크게 적합하지는 않을거 같네요(좋아요 0)[12]

　오르비에서는 이른바 메디컬 학과(의대, 치대, 한의대, 약대 등)를 우상화하는 것이 보편적인 정서로 자리 잡았다. 메디컬 대학은 입시경쟁의 정점에 있는 곳으로서 메디컬 배지를 가진 이용자는 오르비 이용자들로부터 승리자의 예우를 받는 집단이다. 고등학생에게는 동경의 대상이며, 메디컬 계열이 아닌 대학생들에게는 우월한 존재인 것이다. 그러나 메디컬 계열 학생 간에 사용되는 혐오 표현도 상당히 많으며, 이들의 미래 직업 간에 서열을 매기거나 상호 직업을 비하하는 내용을 담고 있다. 대표적인 게시물을 조사한 결과 메디컬 계열 내부에서도 구체적인 서열화의 논리가 내재되어 있음을 발견할 수 있다. 우선 '무당' 등의 어휘에는 한의대가 의대보다 열등하고, 한의대가 비과학적이라는 인식이 반영된 것이다.

- 공감무지하게(2022. 2. 16.): 무당짓을 왜하냐! 그냥 약대가!(좋아요 25)
- 국밥 먹는 초밥(2022. 2. 16.): 의대 기만자는 여기 못들어옵니다~

---

12) 아?야, 앞의 글.

(좋아요 4)

- 동의한 반대한(2022. 2. 16.): 비과학적인 무당이 연마다 왜이리 많
  이나오는거임 제발 정원축소하자!(좋아요 7)[13]

　해당 어휘의 실제 사용 예시에서 볼 수 있듯 '무당'이라는 어휘는
한의학이 비과학적 방법에 근거해서 환자들을 치료한다는 인식에
기반을 둔 혐오 표현이다. 주목할 점은 해당 표현이 단순히 한의대
를 비방하기 위한 목적으로만 사용되는 것이 아니라 한의대 배지를
단 이용자들도 사용하고, 심지어 이를 통해 자신의 학과를 자조하기
까지 한다는 것이다. 해당 표현이 사용된 글들을 보면 한의대 배지
를 단 이용자들이 유머를 위해, 혹은 한의대를 비방하는 사람들을 역
으로 비꼬기 위해 등등 여러 목적을 가지고 이러한 어휘를 사용하는
현상을 관찰할 수 있다. 이를 통해 오르비 내에 '무당' 등의 표현이
일상적으로 사용되고 사이트 이용자들의 언어 체계에 자연스럽게
녹아들었음을 알 수 있다.
　또한 한의대에 대한 글에서 의대 배지를 단 이용자가 댓글을 달 시
'부럽다', '왜 의대 다니는 사람이 한의대생에게 자신의 지위를 자랑

---

13) 국밥 먹는 초밥, 「한의대생, 한의사분들께 고함」『오르비』 2022. 2. 16, 〈https://orbi.kr/
　　00054845926/%ED%95%9C%EC%9D%98%EB%8C%80%EC%83%9D,-%ED
　　%95%9C%EC%9D%98%EC%82%AC%EB%B6%84%EB%93%A4%EA%BB%98-
　　%EA%B3%A0%ED%95%A8?page=56〉, 2022. 9. 12.

하느냐'라는 내용을 담은 답글이 빈번하게 달리는 것 또한 확인할 수 있었다. 이를 통해 의대는 한의대보다 우월하고, 의대생은 한의대생보다 사회적으로 더 높은 계급을 차지한다는 인식을 드러낸다.

또한 메디컬 계열 대학 내 서열화를 의미하는 '지잡의치'라는 표현도 빈번하게 사용되고 있다. '지잡'이라는 표현은 '지방의 잡스러운 대학교'라는 '지잡대'에서 비롯된 것으로, 대학 간의 서열이 반영된 혐오 표현이다. 따라서 '지잡의치'는 소위 말하는 서울과 수도권 대학보다 뒤처지는 지방 대학이기 때문에 가치 없는 것으로 폄하되는 것이다.

- 재수하자 재수(2022. 1. 26.): 그리고 개인적으로 지잡의치가서 집에 돈 ㅂㄹ(별로) 없어서 개원도 못하고 페닥(페이닥터) 생활이나 할 바에야 서울대 가는게 낫다고 생각하는데…;; 아직 내가 세상물정을 잘 몰라서 그런가 ㅋㅋ(좋아요 3) [14]

---

14) 마녀의 여행, 「메디컬 안 가는거 같잖게 보는게 ㅈ같다」, 『오르비』, 2022. 1. 26, ⟨https://orbi. kr/00043467226/%EB%A9%94%EB%94%94%EC%BB%AC-%EC%95%88-%EA% B0%80%EB%8A%94%EA%B1%B0-%EA%B0%99%EC%9E%96%EA%B2%8C-%E B%B3%B4%EB%8A%94%EA%B2%8C-%E3%85%88%EA%B0%99%EB%8B%A4? page=69(%EB%A9%94%EB%94%94%EC%BB%AC⟩, 2022. 9. 12.

청소년의 혐오 표현, 대안 또는 규제

　언론학연구에서 혐오 표현의 대안, 또는 혐오 표현에 대한 대응으로 논의되는 것은 구성원 집단의 숙의와 민주적인 소통이 이루어지도록 하는 것, 또는 혐오 표현에 대해 적절한 법적 규제를 가하는 것이다. 전자의 경우 이상적인 방향이지만, 학벌에 대한 욕망이 유독 강한 우리나라에서, 학교교육 현장에서조차 학생의 성적에 따라 공공연히 차별 대우를 하는 환경에서 과연 실현가능한 방안일까 의심스럽다. 그렇다면 혐오 표현에 대한 규제 논의를 살펴보자.

　혐오 표현에 대한 규제와 관련된 논의는 법학계, 언론학계, 사회학계에서 꾸준히 진행되어 왔고, 세계 각국에서도 혐오 표현을 규제하는 방안을 마련하고 있다. 대한민국의 법률은 혐오 표현만을 특정하여 규제하지는 않지만, 현행 법률 중 「장애인차별금지 및 권리구제 등에 관한 법률」, 「문화기본법」, 「방송법」 등의 법률들을 통해 일부 혐오 표현의 사용을 제한하고 처벌할 수 있다(최종선, 2018). 또한 우리나라 법률과 동등한 효력을 지니는 국제협약을 통해서도 혐오 표현의 사용을 규제하고 있는데, 시민적·정치적 권리에 관한 국제규약은 민족적, 인종적, 그리고 종교적 증오를 고취하는 행위를 법률로 금지하도록 규정하며, 모든 형태의 인종차별철폐에 관한 국제협약은 차별 금지의 가치를 바탕으로 개인이 소속 집단의 특성을 이유로 불합리한 차별을 받지 않도록 한다.

해외 사례를 살펴보면, 표현의 자유를 중시하고 있는 미국의 경우, 혐오 표현을 제한하거나 처벌하는 연방 단위의 법률이 존재하지 않는다. 영국과 프랑스의 경우 각각 특정 단체에 대한 증오를 선동하는 발언을 한 자와 집단의 특성을 근거로 명예훼손을 한 자를 자국 법률에 근거해서 처벌할 수 있다. 독일의 경우 기존 법률들로 혐오표현을 규제하던 중 2018년 "사회 관계망에서의 법집행 개선법"을 제정하고 시행하여 혐오표현의 책임 대상자를 인터넷 이용자뿐만 아니라 플랫폼 사업자에게까지 확장했다(최종선, 2018). 언급한 해외국가의 사례와 비교했을 때 대한민국은 혐오 표현 규제에 대한 법률이 미비한 상황인데, 때문에 현재 우리나라에서는 포괄적 차별금지법의 제정에 대한 논의가 활발히 진행 중이다. 특히 표현의 자유와 차별 철폐 등의 쟁점이 해당 법률 제정 논의의 핵심 이슈가 되고 있다.

하지만 오르비 커뮤니티의 특수성 때문에 포괄적 차별금지법이나 영국, 프랑스, 독일의 사례처럼 개인의 발화를 직접적으로 규제하는 시스템을 적용하기는 어렵다. 현재 오르비의 이용 규칙이라고 할 수 있는 '무브-오르비 서비스 이용 약관'에 의거하면, 저작권 위반이나 불법 홍보 글 등에만 제재를 가하고, 내용적인 측면에서는 '타 회원에게 욕설, 반말, 불쾌감을 유발할 수 있는 가능성이 객관적으로 매우 높은 비꼼이나 풍자, 위협을 하지 않는' 이상 혐오 표현이 담겨 있는 게시물이나 댓글을 규제할 수 없다. 또한 입시 커뮤니티라는 특성상 법적으로 미성년자인 이용자의 비율이 매우 높은데, 혐오 표현이 청소년에게 노출되는 것을 제재할 방법도 없고, 혐오 표현을 사용하는 것도 청소년이기에 강력한 형사처벌을 주장하는 것 역시 무리가 있다. 무브-오르비 청소년 보호정책을 살펴보면, 청소년유해매체물에 해당하지 않는 이상 미성년 이용자는 성년 이용자와 동일한 표현을 보고 사용하게 된다.

만약 오르비 사이트에서 적극적으로 혐오 표현의 사용을 억제하고자 한다면 오르비의 이용 규칙에 독일, 프랑스, 영국의 법률과 같이 "직접적으로 혐오 표현의 사용을 금하고 제재하는 내용"이 추가되어야 한다. 하지만 현실적으로 이러한 이용규칙이 적용되기는 힘들 것이다. 우선 사이트의 수익성을 극대화하려는 여느 사이트 운영진과 마찬가지로 오르비 운영진들은 트래픽 수를 최대한 늘리고 싶을 것이다. 지금까지 20년 이상 특유의 서열놀이를 방관해왔던 오르비의 분위기와 다르게 이용자의 표현을 규제하는 조항이 신설된다면 많은 커뮤니티 이용자는 불만을 표출할 것이고, 이는 곧 수익성 감소로 이어질 가능성이 크다. 게다가 오르비 내에서는 이미 능력주의 외에도 여러 혐오 표현의 사용이 일상화되어 이용자 문화의 일부로 자리 잡았다. 이를 사이트 내부 규칙 신설과 처벌 강화로 해결하는 것은 실효성이 떨어질뿐더러 이용자들의 이탈을 가져올 것이다.

맺음말

　최근 한국사회에서 교육투자의 효과가 낮아지고, 학벌의 효과가 줄어들고 있다는 주장이 호응을 얻고 있다. 하지만 한편에서는 여전히 학벌이 개인의 상징적 정체성을 구성하는 수단이며, 많은 학부모들이 자식의 좋은 학벌을 욕망하고, 이를 실현하기 위해 교육투자를 아끼지 않는 모습을 보인다. 오르비는 이러한 한국사회의 문화와 교육현장의 모습이 투영된 온라인 공간이라고 볼 수 있다. 따라서 오르비 내에서의 무분별한 혐오 표현 사용을 줄이기 위해서는 특정 표현을 처벌하는 제재 수단 외에도 많은 것들이 수반되어야 할 것이다.

　이 글은 합리적인 입시전형의 대안을 주장하기 위한 글이 아니다. 다만 성적이 우수한 학생들에게 학교의 자원을 몰아주는 고등학교의 교육환경, 부모의 사회경제적 배경이 자녀의 학업성취로 이어지는 불공정한 환경, 학벌과 능력주의에 대한 맹신 등 여러 가지 한국사회의 문제점에 대한 성찰 없이 오르비에서 나타나는 혐오 표현을 막을 수 없다는 문제제기를 하는 글이다. 그동안 공교육 체계에서 성적에 따라 공공연히 학생을 차별하는 문화가 난무하였는데, 이러한 교육환경에서 성장한 학생들에게 사회적 약자를 배려하는 커뮤니케이션을 기대하기란 어려운 일이다. 더욱이 청소년기에 차별적 언어와 혐오 표현을 사용하며 이를 내면화하는 것은 성인이 되어 사회생활을 영위할 때에도 부정적인 영향을 끼칠 것이다. 일반적으로 혐오 표현은 오프라인 공간보다도 온라인 공간에서 그 심각성이 큰데, 혐오 표현이 없는 소통공간을 만들기 위해서는 사회구성원의 다차원적인 노력이 필요할 것이다.

'공정' 개념의 동상이몽(同床異夢):
'선택적 공정'을 기준으로 한
'우리'와 '그들'의 구별 짓기

김선영

4·7 재·보궐선거 이후 수면 위로 등장한 '이대남'

　최근 몇 년 사이 우리 사회의 지배적인 키워드 중 하나가 '이대남'이라는 단어이다. '이대남'은 20대 남성을 줄인 말이다. 이들은 2022년 3월 대통령 선거와 6월 지방선거의 승부를 결정짓는 '캐스팅보트'로 떠오르면서 다른 세대보다도 더 큰 관심을 받았다. 역대 선거에서 20대 남성이 이렇게까지 빈번히 호명된 적이 있었을까? 그동안 20대 및 청년 세대를 나타내는 신조어가 없었던 것은 아니다. '신세대', 'X세대', '88만원 세대', 'N포 세대', '디지털 네이티브 세대' 등 이들에 대한 관심과 호명은 이전부터 존재해왔다. 그러나 20대 남성 계층을 지칭하는 신조어가 등장한 것은 비교적 최근의 일이다. 흥미로운 점은 이 단어가 세대를 구분함과 동시에 젠더 구분을 짓는 용어로도 사용된다는 것이다. 정치권과 언론이 유독 청년 세대만 성별에 따라 '이대남', '이대녀'라는 이름을 붙이며 이들을 호명하고 있기 때문이다.

그렇다면 '이대남'이라는 단어가 언론에 언제부터 등장하게 되었을까? 한국언론진흥재단이 운영하는 뉴스 분석 서비스 빅카인즈를 활용하여 '이대남'이라는 단어를 검색한 결과, 2019년 1월 5일 자 조선일보의 '이대남의 항변 "우리를 여성 혐오자라고 착각하지 마라"'라는 기사에서 처음 등장한 것으로 확인되었다. 이 기사에 의하면 "20대 남성의 문제인 대통령 국정 지지율이 30% 아래로 전 연령대에서 가장 낮은 수치를 보이자 처음으로 20대 남성이란 집단 뒤에 '왜'라는 말이 뒤따랐다(조선일보, 2019, 1, 5)"라는 것이다.

'이대남'이라는 단어가 본격적으로 가시화된 것은 2021년 4월 7일에 치러진 재·보궐선거였다. 출구조사에서 20대 남성의 72.5%가 국민의힘 오세훈 서울시장 후보를 지지했다는 사실(이는 60세 이상 남성보다도 높은 수치)이 알려지면서 주요 언론사는 20대 남성의 돌출적인 투표행태를 집중 조명하기 시작했다. 언론은 20대 남성이 오 후보의 서울시장 당선에 결정적인 역할을 했다는 기사(동아일보, 2021, 4, 8; 오마이뉴스, 2021, 4, 9)와 함께 20대 남성과 여성의 표심이 극명하게 엇갈렸다는 기사(한겨레, 2021, 4, 7; 연합뉴스, 2021, 4, 8; 중앙일보, 2021, 4, 8)를 연일 쏟아냈다. 이후 정치권과 언론은 20대 남성을 '이대남'이란 단어로 묶어 호명하여 이들을 새로운 정치 주체로 등장시켰다.

실제 4·7 재·보궐선거를 기점으로 '이대남'이라는 단어의 사용 빈도가 급증했다. 빅카인즈 검색 결과 2021년 4월 7일부터 30일까지 '이대남'에 대한 기사는 189건이 검색되었다. 2019년 1월 1일부터 2021

년 4월 6일까지 '이대남'에 대한 기사가 고작 15건이었다는 점과 비교하면 1년 사이에 무려 12배가량 증가한 수치이다. 이처럼 '이대남'이라는 용어의 사용이 재·보궐선거 이후 급증했다는 것은 20대 남성을 새로운 정치 주체로 상정했다는 점에서 주목할 만한 가치가 있다.

문제는 정치권과 언론 등이 '이대남'을 '반(反)페미니즘'이라는 특정 프레임에 가둔다는 것이다. 일례로 2019년 2월 18일 대통령 직속 정책기획위원회가 '20대 남성 지지율 하락요인 분석 및 대응방안'이라는 제목의 보고서에서 20대 남성의 지지율 하락 원인 중 일부로 '20대 남성의 반페미니즘적 경향'을 꼽았고, 같은 해 〈시사IN〉의 '20대 남자 현상'을 살펴보는 심층 여론조사에서도 20대 남성들 가운데 여성할당제 정책이나 반(反)페미니즘 정서가 광범위하게 나타나고 있다(천관율·정한울, 2019)고 분석하고 있다. 이런 결과는 지난 몇 년 동안 여러 조사에 걸쳐 일관되게 관찰되고 있다(KBS, 2021, 6, 24). 이렇듯 정치권과 언론 등은 20대 남성의 반(反)페미니즘 정서를 '이대남 현상'으로 호명하기 시작한 동시에, 수용자가 20대 남성을 이해하게 하는 인식의 창 역할도 자임했다.[1] 2022년 3월 한국언론진흥재단이 전국 20~50대 남녀 1,000명을 대상으로 한 온라인 설문조사에서 전체 응답자의 절반에 가까운 45.5%가 '이대남'이라고 하면 떠

---

1) 일부 언론에서는 '이대남=반(反)페미니즘'이라는 프레임에 이의를 제기하는 보도경향을 보이는 곳도 있지만, 사실 이러한 논의조차 '이대남=반(反)페미니즘' 프레임을 확장하고 재생산에 이바지한다.

오르는 이미지로 '반(反)페미니즘'을 꼽은 것이 이를 방증한다(한국언론진흥재단, 2022, 3, 23).

본 연구는 '이대남 현상'을 단순히 페미니즘에 대한 반발성 공격, 이른바 '백래시(backlash)' 작용으로 일반화하는 것이 옳은가? 라는 문제의식에서 출발했다. 이에 본 연구는 2021년 4·7 재·보궐선거 이후 여러 언론에서 페미니즘에 반발하는 콘텐츠를 생산하고 유통해 온 온라인 커뮤니티 '에펨코리아'(한겨레, 2021, 12, 7)를 통해 최근 한국 사회의 주요 화두로 떠오른 이대남 현상을 살펴보고자 한다. 온라인 커뮤니티는 인터넷 문화의 형성과 발전 과정에서 젠더 이슈를 둘러싼 논쟁을 거치며 성별에 따라 분화하고 발전해 온 대표적인 공간이다(김수아, 2017). 이러한 맥락에서 2021년 4·7 재·보궐선거 이후 페미니즘에 반발하는 콘텐츠를 생산하고 유통하는 사이트를 들여다볼 필요성이 제기된다.

에펨코리아로 살펴본 '이대남 현상'

연구목적을 달성하기 위해 본 연구에서는 에펨코리아의 '정치/시사 게시판'을 대상으로 2021년 4월 1일부터 2022년 3월 31일까지 1년 동안의 자료를 수집하였다. 에펨코리아(www.fmkorea.com)는 2008년 10월 디시인사이드(www.dcinside.com)의 스포츠 게임 게시판에서 분리되어 만들어졌다. 웹 분석 사이트인 시밀러웹에 따르면 2022년 8월 12일 기준, 성별에 따른 이용률은 남성 81.59%, 여성 18.41%이었다(데스크톱 기준). 연령대별 이용률은 25~34세가 32.26%로 가장 많았다. 다음으로는 18~24세가 25.22%, 35~44세가 18.59%, 45~54세가 12.57%, 55~64세가 7.30%, 65세 이상이 4.06% 순이었다.

에펨코리아에서 주목할 만한 특징은 크게 세 가지로 요약된다. 첫 번째로 에펨코리아는 문재인 정부 초까지만 하더라도 '친문(親문재인) 정서'를 보이다가 2019년부터 '반문(反문재인) 정서'가 뚜렷하다. 이는 앞서 밝힌 바와 같이 20대 남성의 투표 성향의 급변과도 묘하게 닮아 있다.

두 번째로 에펨코리아는 '친(親)이준석 정서'를 띤다. 커뮤니티 내에서 국민의힘 이준석 전 대표는 '준스톤', '갓준석', '킹준석'이라는 애칭으로 불릴 정도로 강력한 팬덤(fandom)을 형성하고 있다. 국민의힘 전당대회 당시 이준석이 나경원, 주호영 후보의 집중 견제를 받자, 에펨코리아의 이용자들은 이준석을 지지하기 위해 "국민의힘 당원에 가입했다"라는 인증 글을 잇달아 올렸다.

세 번째로 에펨코리아는 이용자들이 현재 가장 관심을 두고 있는 키워드는 "페미니즘"과 "공정"이다. 이 커뮤니티에서 2,000명 이상이 '좋아요'를 누른 인기 댓글을 살펴보면, '여성가족부 폐지', '반중·찬미, 남녀평등 징병제', '사시 부활 정시 확대' 등으로 나타났다(이데일리, 2021, 12, 9).

이러한 특징은 정치권과 언론에서 호명하는 '이대남'과 에펨코리아 이용자들이 가지고 있는 집단적 정체성이 묘하게 닮아 있다는 것을 시사한다. 따라서 본 연구에서는 에펨코리아를 분석대상으로 선정하였다.

분석 절차 및 방법은 다음과 같다. 본 연구에서는 에펨코리아 '정치/시사 게시판'에서 '이대남', '공정성', '능력주의', '페미니즘', '여성'[2]이 포함된 데이터를 파이썬(python)의 사이킷런(scikit-learn)[3]을 활용하여 데이터를 추출하였다. 그 결과 수집된 총 63,030건(본문 30,864건, 댓글 32,166건)의 게시글을 텍스트 마이닝 기법을 활용하여 분석하였다. 텍스트 마이닝은 웹상에 존재하는 수많은 데이터를 추출 및 처리하고, 데이터들 속에 숨겨진 의미와 맥락을 파악하는 데 유용하다. 따라서 본 연구에서는 텍스트의 사용 빈도와 텍스트 간 연결망을 도출하기 위해 텍스트 마이닝 기법을 활용하여 '이대남 현상'을 고찰했다.

먼저 본 연구에서는 에펨코리아 이용자들이 '이대남'[4] 관련해서 어떤 주제에 관심을 가지는지 살펴보기 위해 단어빈도 분석을 하였다. 연구 결과를 살펴보면, 〈표 1〉에서 보는 바와 같이 '이대남'과 관련하여 '페미니즘', '여성', '이대남', '남성', '생각', '민주당', '사람', '이준석', '정치', '윤석열'이 출현 빈도가 높은 상위 10개의 단어로 나타났다. 이러한 결과는 에펨코리아에서 '이대남' 관련 논의는 '페미니즘'에 관한 주제와 관련성이 매우 높다는 것을 나타낸다. 그 외 정당

---

2) 분석대상 키워드는 2개 대학교에 재학 중인 남자 대학생을 대상으로 한 심층 인터뷰 및 사전 조사를 통해 선정되었다.

3) 사이킷런(scikit-learn)은 파이썬 언어로 제공되는 오픈소스 기계학습 라이브러리로 누구나 무료로 사용가능하다.

4) '이대남'은 일반적으로 '20대 남성'을 지칭하는 용어이지만, 정치권과 언론에서 호명하는 '이대남'은 공정 이슈에 민감하게 반응하고 남성 역차별 담론을 쏟아내는 존재로 호명되는 경우가 많다. 본 연구의 연구대상인 '이대남'은 20대 남성 전체를 기준으로 하기보다, 공정과 반페미니즘 이슈에 관심이 많은 청년 남성으로 조작적 정의하였다.

명과 정치인의 이름, 정치 관련 단어가 상위 빈출 단어에 다수 포함되었다는 점도 특징적인 점이다.

〈표 1〉 '이대남' 관련 에펨코리아의 주요 단어빈도 분석 결과

(상위 10위)

순위	1	2	3	4	5	6	7	8	9	10
단어	페미니즘	여성	이대남	남성	생각	민주당	사람	이준석	정치	윤석열
빈도	49478	47507	23181	15366	14012	12927	11679	11559	9402	8736

빈도수 분석 결과에 나타나는 핵심어의 특성을 보다 구체적으로 살펴보기 위해, 동시 출현(co-occurrence) 단어 분석을 하였다. 동시 출현 단어 분석은 두 핵심어가 같은 문서 내 얼마나 함께 출현하는가를 기반으로 핵심어 간 연관관계를 측정하는 기법(Courtial, 1994)인데, 같은 문서 내에서 단어 간 동시 출현 빈도가 높을수록 강한 연관관계가 성립한다는 것을 가정으로 한다. 본 연구에서는 상위 키워드와 동시에 출현하는 단어 사이의 연결 강도를 이용하여 동시 출현 단어 분석을 하였다.

'이대남'에 대한 동시 출현 단어 분석 결과, 〈표 2〉에서와 같이 가장 높은 연결 강도의 단어 쌍으로 '페미니즘-여성'이 연결 강도(28913)가 가장 높게 나타났으며, 다음으로는 '여성-남성(19027)', '페미니즘-남성(13242)', '페미니즘-생각(9563)', '페미니즘-민주당(8760)', '페미니즘-사람(8470)', '여성-생각(7633)', '여성-민주당(7411)', '여성-정책(6637)' 순으로 도출되었다. 이러한 결과는 에펨코리아 내 '이

대남' 관련 논의 구조가 페미니즘 문제를 다루는 정책문제와 연결하여 논의되고 있다는 것을 보여준다.

〈표 2〉'이대남' 관련 주요 단어 간 연결 강도

(상위 10위)

순위	1	2	3	4	5	6	7	8	9	10
단어A	페미니즘	여성	페미니즘	페미니즘	페미니즘	페미니즘	여성	여성	여성	여성
단어B	여성	남성	남성	생각	민주당	사람	생각	민주당	정책	단체
강도	28913	19027	13242	9563	8760	8470	7633	7411	6637	6029

다음으로 '이대남'이라는 단어는 어떤 주제들과 연관이 있는지 살펴보기 위해 본 연구에서는 동시 출현 기반 연관어 분석을 했다. 동시 출현 기반 연관어 분석은 같은 문서 내에서 대상어와 다른 단어가 얼마나 자주 동시에 출현했는지 횟수를 세는 기법인데, 같은 문서 내에서 단어 간 동시 출현 빈도가 높다는 것은 주제적으로 서로 연관성이 높다는 것을 의미한다.

분석 결과를 살펴보면, 〈표 3〉에서와 같이 '이대남'이라는 단어는 '페미니즘(4361)', '투표(3102)', '이준석(2865)', '생각(2247)', '민주당(2187)', '윤석열(1842)', '정치(1775)', '새끼(1765)', '지지(1685)', '세대(1397)' 순으로 동시 출현 빈도가 높았다. '이대남-페미니즘'의 동시 출현 빈도가 가장 높다는 점에서 '이대남'에 대한 논의는 페미니즘 관련 주제와 밀접히 연관되어 있다는 것을 알 수 있다. 이 외에도 '이대남' 관련 논의는 특정 정당, 정치인 이름, 투표, 지지 등의 정치 관련 주제와 밀접히 연관되어 있다는 점도 눈에 띈다.

〈표 3〉 '이대남'에 대한 동시 출현 기반 연관어 분석 결과

(상위 10위)

순위	1	2	3	4	5	6	7	8	9	10
단어A	이대남	이대남	이대남	이대남	이대남	이대남	이대남	이대남	이대남	이대남
단어B	페미니즘	투표	이준석	생각	민주당	윤석열	정치	새끼	지지	세대
동시출현빈도	4361	3102	2865	2247	2187	1842	1775	1765	1685	1397

　주목할 지점은 정당, 정치인 이름 등의 단어가 에펨코리아의 출현 빈도 상위 10개 단어에 포함되어 있을 뿐 아니라, 페미니즘과 관련된 이슈에도 고루 분포되어 있다는 것이다. 이를 바탕으로 보았을 때, 에펨코리아 내 '이대남' 관련 논의는 페미니즘 그 자체에 초점이 맞추어지기보다는 친(親)페미니즘과 반(反)페미니즘을 중심으로 연결되는 정치적 대항 구도와 밀접한 관련성을 지닌다고 볼 수 있다.

'불공정'의 또 다른 얼굴 '반(反)페미니즘'

에펨코리아 이용자들이 반(反)페미니즘 정서가 나타나게 된 배경에는 어떤 논리가 숨어 있는지 살펴보기 위해, 본 연구에서는 텍스트 마이닝 결과로 도출된 키워드를 바탕으로 해당 커뮤니티 내용과 댓글을 확인해보는 작업을 수행했다. 커뮤니티 이용자들은 여성에게 할당제를 주는 것이 '역차별'이며 '불공정'하다는 논리를 내세우고 있었다. 다음의 인용되는 "내가 혜택받는 할당제는 좋은 할당제?"라는 제목의 게시글이 그 전형적 사례였다.

이게 내로남불이지 뭐냐
여성할당제, 청년할당제는 싫어요. 지방할당제는 지방살려야 되니까 좋아요?
능력있는 사람이 정치계에 진출해야지, <u>여성과 청년이라는 이유만으로 할당을 받는건 남성에 대한 역차별이며 능력있는 인재가 기업</u>

에 채용되어야지. 여성과 지방대 출신, 지방출신이라는 이유만으로 할당을 받는건 남성과 수도권에 대한 역차별임.

기회는 누구에게나 공정하게 존재했음
그 누구도 여성이라는 이유로 정치권이고 기업 진출에 제약을 한 적도 없고 그 누구도 수도권에 있는 대학에 진학을 못하게 막은 제도도 사람도 없음. 전세계에서 우리나라처럼 중등교육이 공정하고 평등하게 제공되는 나라도 없음

<u>여성할당제, 청년할당제, 지방할당제 셋 다 기회의 평등이 아니라, 결과의 평등을 추구하는 정책 그 이상 그 이하도 아님.</u> (밑줄은 저자의 강조)

위의 게시글을 보면, 글쓴이는 여성과 사회적 소수자에 대한 차별과 불평등을 극복하기 위해 도입된 '여성할당제', '청년 할당제', '지방 할당제' 등은 불공정하거나 불합리다고 인식하고 있다.

그런데 여기서 주목할 점은 20대 남성의 성평등 의식이 3040 세대의 남성들과 비교해서 더 높거나 비슷한 수준이었으나(최종숙, 2020), 20대 남성으로 대변되는 에펨코리아 이용자들은 반(反)페미니즘 성향을 보인 점이다. 언뜻 보면 이 둘은 조화될 수 없는 것처럼 보인다. 그러나 본 연구의 분석 결과를 볼 때, '공정성'이라는 요인이 이들 관계를 이어주는 가교역할을 하는 것으로 나타났다. 그들은 과

거와 비교해 사회 제도상의 성차별이 대부분 사라진 지 오래고 일자리를 둘러싼 경쟁도 여성의 조건이 남성보다 절대 뒤떨어지지 않은데 정치권은 '공정한 실력'과 '능력'과 관계없이 여성에게 할당제를 부여함으로써 남성을 역차별한다고 주장한다. 이는 젠더 이슈를 비롯하여 성평등 문제를 과거의 접근 방식과는 다른 '공정성'에 입각하여 접근하고 있다는 것을 의미한다. 이것이 에펨코리아 이용자들의 반(反)페미니즘 정서를 이해하는 데 있어 핵심이 된다.

'공정' 개념의 동상이몽(同牀異夢) ··· 우리의 '공정'과 그들의 '공정'은 다르다!

　그렇다면 에펨코리아 이용자들이 생각하는 '공정'이란 무엇일까? 2017년 5월 10일 문재인 대통령 취임사에서 "기회는 평등할 것입니다. 과정은 공정할 것입니다. 결과는 정의로울 것입니다"라고 말했다. 그러나 공정을 국정 목표를 내세운 문 정부가 역설적으로 공정 이슈로 청년층에게 공격을 받았다. 2018년 평창 동계올림픽 여자 아이스하키 남북단일팀 구성 논란을 시작으로 2020년 인천국제공항공사 비정규직의 정규직화 전환 논란, 공공의대 설립 반대 의사 파업 사태, 여성할당제를 둘러싼 젠더 갈등 등이 문재인 정부를 뒤흔든 공정과 관련된 대표적인 이슈들이다. 그런데 공정을 실현하려는 일련의 정책들이 왜 청년층의 '공정 감수성'을 건드렸던 것일까? 이 물음에 문 대통령은 2020년 9월 19일 '제1회 청년의 날' 기념사에서 다음과 같이 답하였다.

정규직과 비정규직 사이의 차별을 해소하는 일이 한 편에서는 기회의 문을 닫는 것처럼 여겨졌습니다. 공정을 바라보는 눈이 다를 수 있다는 사실이 공정에 대해 더 성찰할 수 있는 계기가 되었습니다. (머니투데이, 2020, 9, 19)

문 대통령이 기념사에서 말한 바와 같이 '공정'이라는 개념은 사람의 해석에 따라 그 의미가 달라진다. 이는 "공정이 적용되는 사회적 맥락에 대한 이해가 서로 일치하지 않"(정원규, 2022, 1)은 것에서 비롯된다. 이러한 맥락에서 에펨코리아 이용자들이 생각하는 '공정'이란 과연 무엇인지 고찰할 필요가 있다. 다음의 인용되는 "건강한 페미니즘은 죽은 페미니즘뿐임"이라는 제목의 게시글을 보자.

자유시장경제에서 가장 중요한 건 기회의 평등, 과정의 공정과 결과의 승복임. 여기서 하나라로 무너지면 자유시장경제를 의심하게 되고 이걸 벗어 날려고 하지. 그럼 보자고 스포츠 예를 들겠음. epl의 경우 여성도 남성리그에 들어갈 수 잇음. 애초에 남성리그 따윈 존재하지 않음. 남성 여성 모두 지원할 수 있음. 여기서 기회의 평등의 조건이 통과됨. 그러면 과정의 공정이지. 당연히 실력있는 선수만이 (리그)에서 뛸 자격이 됨. 만약 실력도 없는 사람이 이 리그에 뛰게 입단 테스트시 가산점을 미친 듯이 준다>? 과정의 공정이 무너지게 되지. 축구뿐만 아니라 모든 분야는 이런 시스템으로 돌아가야 함. 근데 우리나라에선 이게 깨졋지? 그래서 지금 공정을 미친 듯이 부르짖느 거

아냐. 공정의 상극은 페미니즘이고 공정한 사회를 만들기 위해선 페미니즘은 없어져야 함. 할당제로 공정성을 해치고 대다수의 사람들이 결과에 승복하지 못하니 지금 우리나라가 이꼴 아님? (후략) (밑줄은 저자의 강조)

공정을 EPL(English Premier League, 잉글랜드 프로축구 리그)에 비유해 설명하고 있는 이 글은 '공정'에 대한 커뮤니티 이용자들의 인식을 그대로 보여준다. 글쓴이는 성별 구분 없이 모두 같은 조건에서 경쟁하고 실력을 겨루는 것이 공정하다고 주장한다. 글쓴이는 성별에 따른 신체적 차이에는 별로 관심이 없다. 오히려 불평등한 구조를 시정해주는 것이 경쟁 과정의 공정과 페어플레이 정신을 훼손하는 것이라고 말한다. 이는 여성할당제가 공정성을 해친다는 글쓴이의 논리와 자연스럽게 연결된다. 글쓴이는 결과의 평등을 추구하는 것은 개인적 노력이 아닌 '국가 찬스'를 통해 얻은 혜택이기에 여성할당제는 불공정한 것이 된다. 하지만 정부는 여성에 대한 성차별적인 고용 관행을 해소하기 위해 여성에게 할당제를 주는 것은 결과의 평등 측면에서 공정한 것이 된다. 즉, 정부와 커뮤니티 이용자들이 공정 개념을 놓고 동상이몽(同床異夢)을 꾸고 있는 셈이다.

요컨대, 에펨코리아 이용자들이 생각하는 '공정'은 '기회의 평등, 과정의 공정, 결과의 차별 인정'으로 수렴된다. 그런데 이 공정이 커뮤니티 이용자들이 '소수자 차별시정 조치(affirmative action)'로 불리는 각종 할당제를 '공정하지 않은 것'으로 의미화하는 데 중요하게 작동하고 있을 뿐만 아니라, 강자를 숭상하고 사회적 약자와 소수자를 차별하고 혐오하는 논리적 근거로 발현되고 있다. 단적인 예로 2021년 LG 전자 고위공무원 자녀 채용 비리를 보자. 에펨코리아 이용자들은 분노는 했으나 인국공 사태처럼 청와대 청원과 같은 행동으로 이어지지 않았다. 오히려 기사 댓글에 "수십 년간 있었던 일이고 오늘까지도 계속 생기고 있는 일이지", "이게 뭐 LG만의 일이겠냐… 대기업들 다 똑같지"라며 자조와 침묵으로 일관했다. 이들의 공정이 '선택적 공정'이라고 비판을 받는 것도 바로 이 때문이다.

'반페미'와 '불공정' 뭣이 중헌디? "중요한 건 경제야!"

본 연구는 '이대남 현상'을 단순히 페미니즘에 대한 반발성 공격, 이른바 '백래시(backlash)' 작용으로 일반화하는 것이 옳은가? 라는 문제의식에서 출발했다. 이를 확인하기 위해 20~30대 남성이 주 이용자층인 '에펨코리아'에서 발화되는 담론을 살펴보았다.

분석 결과 이대남 현상은 두 가지로 귀결된다. 첫 번째로 '이대남 현상'은 '공정성'을 기준으로 '우리'와 '그들'을 구별 짓는 문제로 환원된다. 에펨코리아 게시판의 반(反)페미니즘 담론 또한 '공정성'에서 출발한다. 에펨코리아 이용자들은 성평등에 반대하는 것이 아니라 같은 능력을 갖췄는데 여성이라는 생물학적 이유로 여성이 남성보다 더 많은 혜택을 누리려 하므로, 이들에게 페미니즘은 '불공정'의 또 다른 얼굴이 된다. 두 번째로 '이대남 현상'은 페미니즘 그 자체에 초점이 맞추어지기보다는 친(親)페미니즘과 반(反)페미니즘을 중심으로 연결되는 정치적 대항 구도와 밀접한 관련성을 지닌다. 사실 이러한 정치적 대항 구도 또한 커뮤니티 이용자들의 '공정성'과 맞물려 있다.

그렇다면 공정(公正)이란 무엇인가? 공정(公正)이라는 한자어는 공평할 공, 바를 정에서 비롯된 한자의 뜻처럼 공정의 사전적 의미는 '공평하고 올바름'을 뜻한다. 그런데 '공정'의 개념은 정의하는 사람에 따라 그 해석이 달라진다. 공정의 개념 안에는 크게 '기회의 평등'과 '결과의 평등'이라는 서로 상충하는 개념 둘이 나란히 붙어 있는데, 우리의 무의식은 이 둘 중 하나를 사용해 공정을 판단한다. 그 때문에 '할당제' 문제를 두고 한쪽에선 공정을, 다른 한쪽에선 불공정을 말하는 것이다.

본 연구 결과에 따르면 에펨코리아 이용자들은 '기회의 평등'이라는 잣대에 기준을 두고 '공정'을 판단하고 있는 것으로 나타났다. '기회의 평등'은 '국가 찬스', '부모 찬스', '성별 찬스' 등과 같은 외압 없이 누구에게나 동등한 출발선(기회)을 부여하는 것이다. 그런데 이들은 경쟁 과정에 작용할 수 있는 조건의 평등(여성, 장애인, 지방인재, 저소득층 등)에 대해서는 대체로 눈을 감는다. 이들이 보기에 여성할당제 및 지역 할당제 등은 마치 공정한 룰이 작동한다고 받아들여지던 경기에서 '반칙'과 같은 것이다. 따라서 이들은 여성할당제 및 지역 할당제 등과 같은 역차별 제도를 해소하는 것이 '공정'이라고 주장한다. 또한 인국공 사태와 조국 사태 등이 불거지면서 커뮤니티 게시글에서는 "차라리 시험 점수로 줄 세우기"가 그나마 선의의 공정이라고 주장한다. 이는 이준석 국민의힘 전 대표가 말하는 '능력주의'와 그 맥이 맞닿아 있다.

반면, '결과의 평등'이라는 잣대에 기준을 두고 '공정'을 외치는 다른 한쪽에서는 '기울어진 운동장'의 기울기를 조금 완화하기 위해 여성할당제 및 지역 할당제를 보장해야 한다고 주장한다. 가령, 같은 출발선에서 대학생과 초등학생이 100m 달리기한다고 해보자. 이 경기가 과연 공정하다고 하는 사람은 몇이나 있을까? 대학생에게는 기회이지만 초등학생에게는 '기울어진 운동장'이기 때문이다. 공정한 경쟁이 되기 위해서는 초등학생이 몇 미터 앞에서 출발하게 한다든가 혹은 몇 초 일찍 출발할 수 있도록 보정을 해줘야 한다는 주장이 '결과의 평등'이자, 전통적 진보 정당이 내세우는 '공정관(公定觀)'이다.

이상의 논의에 비추어 볼 때, '이대남 현상'은 공정을 바라보는 관점의 차이에서 비롯되었다고 할 수 있다. 여기서 공정에 대한 견해차가 정치적 입장의 차이(보수 혹은 진보)와 묘하게 맞물려 있는데, 이것이 온라인 공간에서 강력한 힘을 발휘하게 된다. 비슷한 관심사와 이해관계를 가진 사람들이 모여 있는 온라인 공간에서는 '선택적 공정'을 기준으로 한 '우리'와 '그들'의 구별 짓기가 반복적으로 일어나는 곳이다. 따라서 '우리'와 다른 것은 모두 '불공정'으로 재맥락화된다.

요컨대 '이대남 현상'은 20대 남성 전체를 대변하지 못하지만, '공정'이 화두인 이 시대에 '공정이란 무엇이며 어떤 공정인가?'에 대한 근본적 물음을 제기한다. 그런데 왜 하필이면 지금 이 시기에 이들은 공정을 외치고 있는가? 역설적으로 우리 사회가 너무도 공정하지 못했기 때문에 그 억울함이 '이대남 현상'으로 투영된 것으로 해석된다.

그렇다면 지금의 '이대남 현상'을 어떻게 읽어야 하는가? 본 연구의 서두에서 '이대남 현상을 페미니즘에 대한 반발성 공격으로 생겨난 것일까?'라는 물음을 하였다. 이것에 대해 답을 하면 '이대남 현상' 안에는 분명히 반(反)페미니즘 정서가 존재한다. 하지만 이것이 모든 '이대남 현상'을 설명할 수 없다. 반(反)페미니즘이라는 뭉뚱그려진 말 뒤에는 무언가 '공정하지 않음'에 대한 '이대남'의 억울함과 분노가 깔려 있다. 여기서 가장 중요한 것은 커뮤니티 이용자들이 설정한 '공정'이라는 논리가 페미니즘이 '불공정한 것'으로 의미화되는데 중요하게 작동하고 있다는 점이다. 사실 '이대남 현상'은 겉으로 드러난 '페미니즘'이라는 이슈보다 그 이면에 숨겨진 메커니즘을 읽어내는 것이 무엇보다 중요하다.

다음으로 지금의 '이대남 현상'은 이념과 진영 논리가 빚어낸 산물로 읽힌다. 이번 20대 대선에서 정치권과 언론은 청년과 공정을 정쟁의 도구로 삼았고 온라인 커뮤니티는 자신들의 이해관계에 맞게 전략적으로 '공정'이라는 개념을 사용했다. 그 때문에 정치권과 언론, 각종 온라인 커뮤니티 담론에서 나타나는 '이대남'과 '공정'이라는 단어는 본래의 의미보다 '정치적'이고 상당히 '논쟁적인 언어'가 되었다.

마지막으로 '이대남 현상'이 왜 생겼는지 근원을 살펴볼 필요가 있다. 이를테면, '이대남'이 '정치적 올바름' 대신 그들이 설정한 '실제적 올바름'을 사회적 정의라고 믿으며 '차별에 찬성'하는 경향을 보인 이유가 무엇인지 그 맥락을 살펴볼 필요가 있다는 것이다. '이대남

디지털 혐오와 시민성: 이론과 사례

현상'은 위에서 언급한 '반페미니즘 정서', '공정하지 않음에 대한 이대남의 억울함', '이념 논리에 물든 정치 프레임' 때문에 생겨났다는 것은 부인할 수 없는 사실이다. 하지만 이는 '이대남 현상'을 설명하는 피상적인 현상일 뿐, 이 현상의 근본적인 원인과 문제의 본질은 아니다. 1992년 미국 대선 당시 빌 클린턴 후보의 선거 캠페인 문구였던 '바보야, 문제는 경제야(It's the economy, stupid!)'처럼, 이 현상이 생겨난 문제의 본질은 경제, 특히 '계층 간 경제적 불평등'에 있음을 직시해야 한다. '이대남 스토리' 저변에 갈린 정서를 가지고 '반(反)페미니즘'이니 '능력주의에 기반한 공정'이라고 비난하기에 앞서 '어떻게 하면 정규직과 비정규직 혹은 상위 20%와 하위 80%로 양극화한 노동시장의 이중구조 문제를 해결할 것인지'부터 고민해 보자. 근본적 원인 없이 어떤 공정 개념을 통해 사회적 이슈를 보아야 한다는 식의 논쟁이 공허한 외침에 불과하다는 것은 이 때문이다. 소모적 논쟁보다 생산적이고 근본적인 대안을 모색해야 할 때이다.

맺음말

본 연구는 온라인 남초 커뮤니티인 '에펨코리아'에서 발화되는 담론을 통해 최근 우리 사회의 주요 화두로 떠오른 '이대남 현상'을 살펴보았다. 그동안 '이대남 현상'에 대한 연구는 선험적으로만 논의되고 있을 뿐 실증적으로 분석한 연구는 거의 없다. 선행연구들이 축적되지 않은 상태에서 '이대남 현상'에 대해 실태를 진단하고 해결 방향을 제시하는 것은 바람직하지 않다. 또한 '이대남' 연구는 20~30대 남성이 주체이다. 하지만 많은 연구가 이 사실을 전혀 중요하게 여기지 않거나 혹은 일부러 간과하기라도 하듯 '이대남 온라인 커뮤니티'를 대상으로 한 연구는 거의 찾아볼 수 없다. 대부분의 선행연구는 여초 커뮤니티를 대상으로 한 것이고, 이 현상을 하나의 페미니즘 문제로 시작해 끝을 맺는다.

본 연구에서는 이러한 문제의식을 바탕으로 20~30대 남성 이용자들이 주로 이용하는 이른바, '이대남 온라인 커뮤니티'인 에펨코리아를 대상으로 하여 '이대남 현상'을 고찰하였다. 물론 본 연구 결과를 '이대남 현상'으로 일반화하기에는 한계가 있지만, 본 연구는 지금까지 선험적으로 논의되어온 '이대남 현상'을 실증적으로 분석했다는 점에서 학술적인 의의가 있다. 또한 본 연구는 텍스트 속에 숨겨진 주제와 구조를 명확히 파악하기 위해, 텍스트 마이닝 분석을 통해 도출된 핵심어와 연결망에 기초하여 커뮤니티의 게시글과 댓글을 살펴보았다는 점에서 기존의 텍스트 마이닝 연구들과 차별성을 갖는다. 마지막으로 본 연구는 '이대남 현상'의 근저에는 어떠한 논리가 작동하고 있는지를 규명했다는 점에서 그 의의가 있다. 즉, 본 연구는 '이대남 현상'이 공정을 바라보는 관점의 차이에서 비롯되었으며, 이 공정이라는 잣대는 강자를 숭상하고 사회적 약자와 소수자를 차별하고 혐오하는 논리적 근거로 발현된다는 것을 실증적으로 밝혀냈다. 이를 통해 본 연구에서는 '이대남 현상'이 시사하는 바는 무엇이며, 이 현상과 어떻게 마주해야 하는지 제안하였다.

이 글은 2023년도 한국언론정보학보 통권 118호 논문 "온라인 커뮤니티 '에펨코리아'로 살펴본 '이대남' 현상"의 데이터를 활용하였습니다. 또한 이 글은 위 논문 중 일부를 발췌하여 보완·재구성한 것입니다.

온라인 반시민성 측정하기 위한
세 개의 차원

임인재

온라인 반시민성 측정하기 위한 세 개의 차원 [1]

현재 우리는 다양한 온라인 미디어와 플랫폼을 통해 많은 사람들과 소통하고 있다. 이 공간을 통해 우리는 전 세계 사람들과 쉽게 연결될 수 있게 되었으며 다양한 정보를 손쉽게 얻을 수 있게 되었다(자크 아탈리, 2022). 그런데 온라인 공간은 현재 사회적인 문제로 크게 떠오르고 있다. 가짜 뉴스 같은 검증되지 않은 정보들이 온라인 미디어를 통해 퍼지고 있고, 우리는 알고리즘 때문에 자기만의 좁은 시각으로 정보를 소비하고 있다.

게다가 온라인 공간에서는 혐오 표현, 무례한 행동, 사이버 불링, 사이버 스토킹 같은 문제가 증가하고 있다. 이러한 온라인 경향은 현실 세계에도 부정적인 영향을 미치고 있다. 예를 들어, 온라인 공간

---

1) 이 장은 필자가 2022년 12월 〈한국언론정보학보〉에 게재한 '온라인 반시민성 척도 개발' 논문을 바탕으로 재구성한 것입니다.

에서의 문제적인 언행들 때문에 특정 이슈에 대한 편견이 강화되고, 타인의 의견에 대한 증오가 증가하며, 사회적으로 약한 집단에 대한 차별이 증가하고, 스토킹과 같은 범죄가 늘어나고 있다. 선행 연구들은 이러한 문제들이 앞으로 더욱 심화될 가능성이 높다고 강조하고 있으며 이 문제를 해결하기 위한 방법을 마련하는 것이 시급하다고 강조하고 있다. 그러나 현재 온라인 미디어와 플랫폼에서의 문제적인 언행들을 포괄적으로 다루는 개념은 없었다. 이전 연구들은 주로 혐오 표현, 사이버 불링, 무례한 참여와 같은 개별적인 개념을 중심으로 연구를 진행하였다. 이러한 개별적인 개념을 기반으로 연구가 진행되어 왔기 때문에 온라인 공간에서의 문제적인 커뮤니케이션을 종합적으로 측정할 수 있는 척도는 아직 없었던 것이다.

따라서 이 챕터에서는 온라인 미디어와 플랫폼에서 발생하는 문제적인 언행들을 포괄적으로 다룰 수 있는 개념인 '온라인 반시민성'을 제안하고자 한다. 또한, 이를 측정할 수 있는 척도를 제시하고자 한다. 이러한 연구를 통해 온라인상에서 문제적인 언행을 감소시킬 수 있는 방안을 모색하고자 한다.

온라인 반시민성의 세 가지 차원

지금까지의 선행 연구에서는 온라인상의 문제적인 언행들을 개별적인 개념들을 바탕으로 탐구해 왔다. 이에 본 연구자는 '온라인 반시민성'이라는 개념을 제안하고자 한다. 온라인 반시민성은 온라인 미디어 및 플랫폼을 통한 상호작용에서 나타나는 반(反)규범적인 언행으로 정의할 수 있다. 이는 특정 개인이나 집단에게 해를 끼칠 수 있는 문제적인 표현, 태도, 행동 등을 포함한다(임인재·이세영·금희조, 2022).

온라인 반시민성에는 다양한 차원과 수준의 개념들이 포함될 수 있다. 이전 연구들에서는 무례한 언어 표현(Coe, Rains, & Kenski, 2014), 특정 집단에 대한 혐오적이고 차별적인 발언(Chen, 2017), 공공의 의사소통 규범을 위반하는 반시민적 참여(Quandt, 2018), 사이버불링(Tokunaga, 2010)이 그 예시로 제시되었다.

특히 표현적인 차원에서 온라인 반시민성은 두 가지 유형으로 분류될 수 있다. 첫째, 메시지 속에 포함된 언어적인 '말투나 어조 (tone)'와 메시지가 내포하는 '내용, 본질, 혹은 실체(substance)'이다 (Sydnor, 2019). 이는 특정 개인을 향한 무례하고 모욕적인 언어적 표현과 특정 집단에 대한 차별적인 발언, 일명 혐오 표현으로 구분될 수 있다(김경희·조연하·배진아, 2020; Sydnor, 2019).

또한, '표현 차원의 반시민성은' 개인 차원과 공공(집단) 차원으로도 분류할 수 있다. 개인 차원은 특정 개인의 인격적 가치에 대해 모욕적이고 무례한 언어 표현을 포함하며, 공공 차원은 특정 집단을 무시하고 혐오하는 행위로써 민주주의 다원성을 위협하는 표현이라고 할 수 있다(Papacharissi, 2004).

또한, 최근의 연구들은 문제적인 표현뿐만 아니라 상대방을 지속적이고 반복적으로 괴롭히는 행동도 온라인 반시민성의 개념에 포함해야 한다고 주장하고 있다(Frischlich et al., 2021; Rossini, 2020; Quandt, 2018). 이전 연구들은 주로 언어적인 표현만을 기준으로 반시민성을 분류해왔지만, 이러한 문제적인 행위도 반시민성에 포함되어야 하며 이 유형은 사이버불링과 유사한 형태로 이해될 수 있다(Quandt, 2018; Rossini, 2020). 사이버불링은 온라인 공간에서 상대방에게 지속적이고 반복적으로 해를 가하는 행위로 정의되며(Kowalski, Giumetti, Schroeder, & Lattanner, 2014), 온라인 반시민적 행동을 지속적으로 반복하는 것과 유사한 개념이라고 볼 수 있다. 종합해보면 온라인에서의 문제적인 언행은 온라인 반시민성의 개념으로 포괄될 수 있으며, 온라인 반시민성 개념은 세 가지 하위차원으로 구분될 수 있다. 무례한 표현 차원(예: 무례 차원), 혐오 표현의 차원(예: 혐오 차원), 반시민적인 행위 차원(예: 괴롭힘 차원) 등이 그 예시이다. 이러한 분류를. 바탕으로 본 연구는 관련 척도를 개발하고자 한다.

앞으로의 연구에서는 이러한 온라인 반시민성의 다양한 차원과 수준을 고려하여 더욱 심층적인 분석과 탐구를 진행할 필요가 있다. 이를 통해 온라인상의 문제적인 언행을 이해하고 예방하기 위한 효과적인 대응 방안을 모색할 수 있다.

〈그림 1〉 온라인에서의 혐오 표현, 무례한 표현, 사이버불링 등은 현재 사회적 문제가 되고 있다.

척도의 개발

이전 연구들은 반시민성을 언어적 차원에서 모욕적 언어와 집단에 대한 혐오로 구분하고, 더불어 온라인 행동과 참여의 차원도 반시민성에 포함되어야 함을 강조하였다(Rossini, 2020). 이러한 논의를 바탕으로, 본 연구는 반시민성의 범주를 무례 차원, 혐오 차원, 괴롭힘 차원 등 세 가지 하위차원으로 분류하였다. 이를 측정하기 위해 해당 차원들을 구성하는 요소와 설문 문항들을 설정하였다(표 1 참조).

이전 연구들과 사전 조사를 통해 얻은 반시민성 하위차원과 설문 문항들을 기반으로, 델파이 조사를 진행하였다. 전문성을 가진 디지털 미디어 리터러시 분야의 11명 전문가로 구성된 조사 참여자들을 대상으로 1차 조사를 2022년 5월에 실시하였다. 1차 조사에서는 세 개의 하위차원 (무례 차원, 혐오 차원, 괴롭힘 차원)과 하위차원 구성요소의 타당성, 해당 분류에 따른 설문 문항들의 적합성, 추가할 필요가 있는 문항 등에 대한 의견을 수렴하였다.

1차 델파이 조사 결과를 기반으로, 필자는 세 개의 하위차원에 대한 조작화, 하위차원의 구성요소, 그리고 구체적인 설문 문항들을 수정 및 보완하였다. 이에 대한 내용을 바탕으로 2차 델파이 조사를 2022년 6월에 실시하였으며, 11명의 1차 참여자 중 11명이 2차 조사에 참여하여 응답하였다. 2차 델파이 조사 결과, 세 개의 하위차원, 하위차원의 구성요소, 그리고 설문 문항들은 모두 내용 타당도 (CVR)가 0.590 이상으로 확인되었으며, 이로써 세 개의 하위차원과 그에 따른 구성요소, 설문 문항의 타당도가 확보되었다.

〈표 1〉 온라인 반시민성 하위차원과 구성요소

차원	구성요소	의미
개인에 대한 무례 차원 (insulting)	욕하기(name-calling)	개인의 인격적 가치에 대한 사회적 평가를 저하시키는 욕설, 비방 등의 무례한 언어적 표현
	비난(aspersion)	
	거짓말이라고 폄하(lying)	
	저속한 표현(vulgarity)	
	공격/위협적인 어조(문장 부호 사용)	
	공격/위협적인 요인(상징이나 이미지 표현)	
특정 집단에 대한 혐오 차원 (hate speech)	성별을 근거로 한 혐오	특정 집단(예, 성별, 연령, 지역, 국적 혹은 인종, 종교, 성정체성, 정치성향, 장애여부)의 변하지 않는 고유한 특질을 근거로 적대적·편견적 태도를
	지역을 근거로 한 혐오	
	국적 혹은 인종을 근거로 한 혐오	
	종교를 근거로 한 혐오	
	성정체성을 근거로 한 혐오	
	정치 성향을 근거로 함 혐오	

	장애를 근거로 한 혐오	표현하고 증오와
	연령을 근거로 한 혐오	차별을 옹호하는 것
지속적/ 반복적으로 이루어지는 괴롭힘 차원 (bullying)	상대방을 괴롭히기 위한 모욕적인 메시지를 반복적으로 전달하기	특정 개인 및 집단을 대상을 향해 장기간에 걸쳐 지속적/반복적으로 적대적이고 악의적인 행위를 하는 것
	특정 개인 및 집단에 관한 모욕적인 사진 및 동영상을 지속적으로 업로드하기	
	가짜 아이디를 활용해 타인에게 위협적인 메시지를 반복적으로 보내기	
	특정 개인에 대한 악의적인 소문을 계속 퍼뜨리기	
	타인에 대한 민감한 메시지를 그 사람의 허락 없이 또 다른 사람에 보내기(예, 복사 캡쳐 활용)	
	온라인 댓글 창을 활용해(예, 악플달기) 지속적으로 타인을 공격하기	
	나의 위협적이고 공격적인 언행을 공개적으로 게시하기	
	상대방을 위협할 목적으로 텍스트, 이미지, 동영상 등을 제3자에게 전송 및 온라인상 게시하기	
	특정한 개인 정보를 본인의 동의 없이 습관적으로 수집, 배포, 게시하기	

본 연구는 다음과 같은 절차를 통해 최종적인 설문 문항을 도출하였다. 우선, 선행 연구들을 종합적으로 검토하여 반시민성의 하위차원과 구성요소, 그리고 관련 예비 문항들을 구성하였다. 이후, 해당 내용의 타당성을 검증하기 위해 전문가를 대상으로 1차와 2차로 델파이 조사를 실시하였다. 이를 토대로 연구진은 세 개의 하위차원에 대한 개념과 조작적 정의를 구체화하고, 각 차원의 구성요소와 설문

문항들을 재정리하였다. 연구진 내부에서는 반복적인 논의 과정을 거쳐 하위차원과 구성요소의 조작적 정의를 수정 및 보완하였으며, 이를 기반으로 설문 문항들도 비교 검토하였다. 이러한 절차를 통해 최종적인 설문 문항을 확정하였다.

델파이 조사에서 도출된 반시민성 하위차원의 구성요소와 설문 문항의 타당성을 통계적으로 검증하기 위해 온라인 설문조사가 실시되었다. 해당 조사는 약 20만 명의 패널을 보유하고 있는 조사업체를 통해 진행되었으며, 조사 대상자들은 우리나라 지역별 인구비례(행정안전부 주민등록상 인구 통계 기준)를 고려하여 거주지, 연령, 성별에 따라 할당표집되었다. 조사 대상자의 연령은 만 16세부터 만 24세로 설정되었다. 최근 코로나19로 인해 10대 청소년들의 디지털 미디어 이용 시간이 증가하고, 청소년들의 사이버 괴롭힘 및 온라인 범죄가 심각한 사회문제로 대두되고 있다(임영식·정경은, 2019; 한국청소년정책연구원, 2022). 또한, 성인들 중에서는 20대가 온라인에서 혐오 표현을 가장 많이 접하는 것으로 나타났다(한국언론진흥재단, 2021). 이러한 논의를 고려하여 본 연구에서는 조사 대상자의 연령을 만 16세부터 24세로 설정하였다. 온라인 조사는 패널로 가입된 약 27만여 명에게 총 27만 통의 설문조사 메일을 발송하여 진행되었다. 이 중 약 4천 961명이 설문조사에 접속하였으며, 실제로 설문에 응해 답변을 완료한 참여자는 2천 200여 명이었다. 이 중 극단적인 응답 시간 소요나 불성실한 응답 등을 고려하여 약 200여 명을 제외하고 총 2천 명의 설문 응답을 최종적으로 확정하였다.

세 개의 하위 차원과 설문문항 타당도 분석 결과

무례 차원, 혐오 차원, 괴롭힘 차원 등 세 개 차원으로 온라인 반시
민성을 구분한 것이 타당한지, 이에 따른 설문문항들 또한 타당한지
검증하기 위해 SPSS 18을 활용해 탐색적 요인분석을 실시했다. 분석
결과, 설문문항들은 모두 세 개 요인으로 나누어졌으며(KMO=.97,
Bartlett's χ2=44269.52, p < .001), 누적분산 1요인(30.55%), 2요인
(52.18%), 3요인(73.65%)인 것으로 나타났다. 세 개 요인으로 나누어
졌지만 요인적재량이 .50에 가까운 한 개의 문항을 제거하였다. 제
거된 문항은 괴롭힘 차원에서의 '모욕적이고 위협적인 메시지를 반
복적으로 보낸 적이 있다'였다. 이 문항은 삭제한 후 도출된 각 개념
들의 신뢰도 값과 평균, 표준편차는 〈표 2〉와 같다. 그리고 분석결
과, 세 개 하위차원들의 구성요소는 각각의 차원들로 수렴되는 것으
로 나타났다.

〈표 2〉 탐색적 요인분석의 결과

하위차원	설문문항	요인적재량	Cronbach α
무례 차원	1. 나는 지난 6개월 동안 온라인상에서 다른 사람에게 욕이나 막말을 한 적이 있다.	.87	.91 (M=2.63, SD=2.08)
	2. 나는 지난 6개월 동안 온라인상에서 다른 사람을 비난한 적이 있다.	.88	
	3. 나는 지난 6개월 동안 온라인상에서 다른 사람의 의견이 거짓말이라고 폄하한 적이 있다.	.79	
	4. 나는 지난 6개월 동안 온라인상에서 다른 사람에게 저속하고 음란한 표현을 한 적이 있다.	.81	
	5. 나는 지난 6개월 동안 온라인상에서 다른 사람에게 공격적이고 위협적인 어조(느낌표 물음표 등 문장부호 등)로 표현한 적이 있다.	.80	
	6. 나는 지난 6개월 동안 온라인상에서 다른 사람에게 욕하거나 비방하는 비언어적 표현(이모티콘, 이미지 전송 등)을 한 적이 있다.	.70	
혐오 차원	1. 나는 지난 6개월 동안 온라인상에서 성별과 관련된 욕설, 폭언 등 비방하는 표현(예, 김치녀, 된장녀, 한남 등), 이와 관련된 행동을 한 적이 있다.	.68	.93 (M=1.91, SD=1.60)
	2. 나는 지난 6개월 동안 온라인상에서 다른 사람에게 출신 혹은 거주 지역과 관련된 욕설, 폭언 등 비방하는 표현(예, 전라디안, 고담대구 등), 이와 관련된 행동을 한 적이 있다.	.64	
	3. 나는 지난 6개월 동안 온라인상에서 다른 사람에게 국적이나 인종과 관련된 욕설, 폭언 등 비방하는 표현(예, 똥남아, 짱깨 등), 이와 관련된 행동을 한 적이 있다.	.75	
	4. 나는 지난 6개월 동안 온라인상에서 다른 사람에게 성정체성과 관련된 욕설, 폭언 등 비방하는 표현(예, 똥꼬충, 변태 등), 이와 관련된 행동을 한 적이 있다.	.73	
	5. 나는 지난 6개월 동안 온라인상에서 다른 사람에게 특정 종교와 관련된 욕설, 폭언 등 비방하는 표현(예, 개독교인), 이와 관련된 행동을 한 적이 있다.	.68	

혐오 차원	6. 나는 지난 6개월 동안 온라인상에서 다른 사람에게 정치적 성향과 관련된 욕설, 폭언 등 비방하는 표현(예, 좌빨, 수꼴 등), 이와 관련된 행동을 한 적이 있다.	.68	.93 (M=1.91, SD=1.60)
	7. 나는 지난 6개월 동안 온라인상에서 다른 사람에게 장애인과 관련된 욕설, 폭언 등 비방하는 표현(예, 병신, 애자 등), 이와 관련된 행동을 한 적이 있다.	.67	
	8. 나는 지난 6개월 동안 온라인상에서 다른 사람에게 연령(나이)과 관련된 욕설, 폭언 등 비방하는 표현(예, 틀딱, 꼰대, 급식충), 이와 관련된 행동을 한 적이 있다.	.67	
괴롭힘 차원	1. 나는 지난 6개월 동안 온라인상에서 누군가에게 모욕적이고 위협적인 메시지를 반복적으로 보낸 적이 있다. (삭제)	.52	.96 (M=1.50 SD=1.57)
	2. 나는 지난 6개월 동안 온라인상에서 누군가가 부끄러움을 느낄 만한 사진을 지속적으로 업로드한 적이 있다.	.78	
	3. 나는 지난 6개월 동안 온라인상에서 누군가를 위협하기 위해 가짜 아이디를 활용한 적이 있다.	.86	
	4. 나는 지난 6개월 동안 온라인상에서 누군가에 대한 악의적인 소문을 지속적으로 퍼뜨린 적이 있다.	.85	
	5. 나는 지난 6개월 동안 온라인상에서 다른 사람의 개인정보를 본인의 동의 없이 제3자에게 전달한 적이 있다.	.81	
	6. 나는 지난 6개월 동안 온라인상에서 다른 사람을 지속적으로 위협하거나 공격하기 위해 온라인 댓글을 활용(예, 악플달기)한 적이 있다.	.73	
	7. 나는 지난 6개월 동안 온라인상에서 나의 위협적이고 공격적인 언행을 다른 사람이 볼 수 있도록 게시해 놓은 적이 있다.	.76	
	8. 나는 지난 6개월 동안 온라인상에서 다른 사람을 모욕하고 위협하기 위해 텍스트, 이미지, 동영상 등을 반복적으로 업로드(게시)한 적이 있다.	.81	
	9. 나는 지난 6개월 동안 온라인상에서 특정 개인에 대한 정보(예: 이름, 나이, 이메일, 주소, 전화번호, 사진 등)를 본인의 동의 없이 습관적으로 수집, 배포, 게시한 적이 있다.	.85	

그리고 온라인 반시민성을 측정하기 위한 타당한 측정 모형을 검증하기 위해 AMOS 21을 활용해 분석을 실시하였다. 탐색적 요인분석의 결과에서 도출된 척도를 바탕으로 확인적 요인분석을 실시하였으며, 모형의 적합도를 평가하기 위해서 CFI, TLI, IFI, RMSEA 등의 지수를 살펴보았다. 확인적 요인분석의 결과, 초기 측정모형의 적합도가 적합하지 않아 SMC가 0.4에 가까운 측정 문항(무례 차원에서의 6번째 문항)을 제거하였다. 최종 측정모형의 적합도는 χ^2 (186)= 3696.178 (p<.001), RMSEA=0.097, 90% CI=.096, .100; TLI= 0.902, CFI=0.913, SRMR=0.064 인 것으로 나타났다. 이를 통해 측정 모형은 적합하다는 것을 알 수 있다(그림 2 참조).

설문문항들에 대한 측정모형을 검증하는 과정에서, 각 하위차원에 대한 설문문항들이 적합한지를 확인하기 위해 집중타당도와 판별타당도를 고려해야 한다(배병렬, 2017). 집중타당도는 동일 개념을 측정하는 다중 척도들이 얼마나 일치하는지를 나타내는 개념이다. 집중타당도는 세 가지 기준에 따라 평가된다(배병렬, 2017). 본 연구의 분석 결과, '개인에 대한 무례 차원', '특정 집단에 대한 혐오 차원', '지속적이고 반복적인 괴롭힘 차원'을 측정하는 척도들은 집중타당도를 충족하는 것으로 나타났다. 이 척도들은 각 차원으로 수렴됨을 확인할 수 있다(그림 2 참조).

판별타당도는 서로 다른 개념들 간에 측정 척도들이 서로 구별되어야 함을 의미한다(배병렬, 2017). 다시 말해, 판별타당도는 각 개념을 측정하는 척도가 다른 개념들의 척도와 차이를 보여야 한다는 것을 의미한다. 판별타당도는 AVE가 개념들 간의 상관계수의 제곱값을 상회하는지를 통해 확인될 수 있다(배병렬, 2017). 개념들 간의 상관계수의 제곱값보다 AVE가 크다면, 판별타당도를 만족한다고 볼 수 있다. 본 연구의 분석 결과, 모욕 차원과 혐오 차원 간의 상관계수는 0.662이었으며, 모욕 차원과 괴롭힘 차원 간의 상관계수는 0.560이었다. 또한, 혐오 차원과 괴롭힘 차원 간의 상관계수는 0.795였다. 이를 토대로 세 개 하위차원들 간의 상관계수를 계산한 결과, 각 개념의 AVE 값이 개념들 간의 상관계수 제곱값보다 높은 것으로 나타났다. 이를 통해 세 개 하위차원들의 척도들이 서로 구별됨을 확인할 수 있다

   이러한 전체적인 과정을 통해 최종 확정된 설문문항들(무례 차원 5문항, 혐오 차원 8문항, 괴롭힘 차원 8문항)의 내적 신뢰도, 평균, 표준편차를 살펴보면, 무례 차원 5문항(Cronbach α.=.92)의 평균은 2.59(SD=2.12), 혐오 차원 8문항(Cronbach α.=.93)의 평균은 1.91(SD=1.60), 괴롭힘 차원 8문항(Cronbach α.=.96)의 평균은 1.50(SD=1.28)이었다.

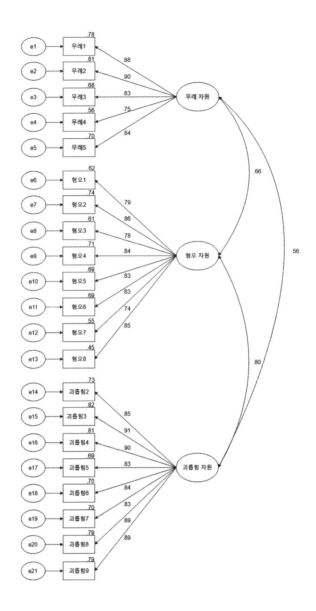

〈그림 2〉 온라인 반시민성에 대한 세 개 하위차원의 확인적 요인분석 모델. 개념 간 상관행렬, 표준화 계수, SMC의 값이 제시되어 있다.

디지털 혐오와 시민성: 이론과 사례

맺음말

지금까지 선행 연구들은 다양한 차원과 수준으로 온라인 공간에서의 문제적인 표현, 태도, 행동을 정의해 왔다(Bedrosova et al., 2022; Coe et al., 2014; Quant, 2018; Rossini, 2020). 그러나 이러한 차원들을 개별적인 변인으로만 탐구하고, 통합적인 문제적 커뮤니케이션 개념과 척도를 제시하지 못한 한계가 있었다. 이전 연구들은 주로 언어적인 표현에 초점을 맞추어 모욕적인 언어와 혐오 표현을 하나의 개념으로 통합하는 경향이 있었다(Rossini, 2020). 그러나 이 두 가지 범주는 대상의 차이와 표현 방법(직접적 표현 vs. 간접적인 고정관념적 표현)에서 구별될 수 있다는 점을 간과해 왔다. 또한, 온라인 공간에서 상대방을 지속적으로 괴롭히는 행동인 사이버불링, 사이버스토킹 등은 반시민성에 포함되지 않고 별도의 연구 주제로 다루어져 왔다.

이에 필자는 온라인상의 문제적인 언행을 '온라인 반시민성'이라는 개념으로 제안하고, 이 개념이 세 가지 하위 차원으로 분류될 수 있는지 검증했다. 연구 결과, 온라인 반시민성에는 표현의 대상 차원(예: 개인 vs. 집단), 태도 및 행동적인 차원(예: 태도 vs. 행동), 지속성의 차원(예: 일회적 vs. 반복적) 등이 모두 포함될 수 있음을 입증하였고, 이러한 차원들이 온라인 반시민성 내에서 구별될 수 있는 각각의 차원들임을 실증적으로 제시했다. 또한, 델파이 조사와 통계적인 방법(예: AVE 및 CR 값)을 통해 온라인 반시민성이 상대방에 대한 모욕적인 언어 표현 차원(무례 차원), 특정 집단과 집단의 구성원을 공격하고 적대시하는 표현 및 태도 차원(혐오 차원), 개인과 집단을 지속적으로 반복적인 괴롭힘 차원(괴롭힘 차원)으로 구성될 수 있다는 제안을 하였다. 이를 통해 필자는 온라인 반시민성 척도를 다양한 표현, 태도, 행동 측면에서 제시하여 개인이 자신의 온라인 반시민성을 어느 정도로 보유하고 있는지, 어떤 범주와 유형인지 등을 점검할 수 있는 방법을 마련하였다.

또한, 필자는 문제적인 커뮤니케이션 유형이 혐오 표현의 범주에만 국한되지 않고, 직접적인 언어적 표현과 행동적인 측면으로 확장될 수 있음을 제시하였다. 우리는 과거에 온라인에서 문제가 되는 행위들을 주로 혐오 표현의 범주에서 생각해왔을 가능성이 있다. 그러나 문제적인 커뮤니케이션에는 표현의 차원뿐만 아니라 태도와 행동의 다양한 차원이 존재할 수 있다는 가능성을 간과해 왔다.

온라인 반시민성에 대한 선행 연구들은 주로 언어적인 차원과 개인적인 차원에 초점을 맞추어 무례한 표현이나 혐오 표현과 같은 문제를 다루었다(Kim et al., 2019). 이에 대한 대응 방안으로는 주로 인터넷 이용자 교육이나 법적 대응이 제시되었다. 그러나 이용자 교육은 문제 해결에 한계가 있을 뿐만 아니라 법적인 대응은 각각의 상황에 따라 제한적일 수 있다.

이에 필자는 기존 연구들이 언어적인 표현 차원을 넘어서 행동적인 차원까지 고려한 온라인 반시민성의 범주를 확대하고, 이를 위한 척도를 개발하였다. 이를 통해 종합적이고 일관된 대응을 가능하게 하는 제도적인 장치를 마련할 수 있는 근거를 제시하였다.

현재 온라인 플랫폼에서의 반시민성은 정치 및 사회 분야뿐만 아니라 학술적인 분야에서도 중요한 주제로 인식되고 있다(Theocharis et al., 2020). 인터넷을 통한 커뮤니케이션이 증가함에 따라 반시민성 문제도 증가하였으며, 이는 정치 및 집단의 양극화, 개인에 대한 인격 및 명예 훼손, 사회 소수자에 대한 차별과 혐오, 스토킹 등 현실 사회에 부정적인 영향을 미치고 있기 때문이다(국가인권위원회, 2021).

이에 필자는 스스로 개인의 반시민성을 측정할 수 있는 척도를 개발하여 일반인들이 자발적으로 반시민성을 감소시키고 시민성을 증진시킬 수 있는 토대를 마련하였다. 이러한 척도는 디지털 기기, 인터넷 포털 사이트, 소셜 네트워크 서비스 등에서 쉽게 접근하고 활용할 수 있다. 이를 통해 개인은 자신의 반시민성 수준을 파악하고 개선할 수 있다. 이는 개인의 자각과 책임감을 강화하여 온라인 공동체에서 상호존중과 건전한 커뮤니케이션을 촉진하는 데 도움을 줄 가능성이 있을 것이다.

후속연구를 위한 제안은 다음과 같다. 온라인 반시민성에 대한 개

〈그림 3〉 온라인에서의 문제적인 언행을 온라인뿐만 아니라 오프라인에
서의 집단 양극화 등 부정적인 영향을 미칠 수 있다.

념을 더욱 명확히 정의하고, 표현과 행동의 차원을 넘어서는 하위 범
주를 분류하는 근거에 대한 심층적인 검토가 필요하다. 이를 통해 우
리는 온라인 반시민성에 대한 이해를 더욱 풍부하게 하고, 정책적인
대응 및 예방 방안을 개발할 수 있을 것이다. 또한, 다양한 이해관계
자들과의 협력이 필요하다. 학계, 정부, 사회 기관, 인터넷 기업, 사
용자들이 공동으로 온라인 반시민성에 대한 연구와 교육, 대응 방안
을 협력하여 대응해야 할 것이다.

참고문헌

01

국가인권위원회 (2021). 〈온라인 혐오표현 인식조사〉. URL: https://www.humanrights.go.kr/site/program/board/basicboard/view?menuid=001003001004001&pagesize=10&boardtypeid=16&boardid=7607189

임인재·이세영·금희조 (2022). 온라인 반시민성에 대한 척도 개발 연구. 〈한국언론정보학보〉, 116권, 215–249.

Bernatzky, C., Costello, M., & Hawdon, J. (2021). Who produces online hate?: An examination of the effects of self–control, social structure, & social learning. *American Journal of Criminal Justice*. https://doi.org/10.1007/s12103–020–09597–3

Castaño–Pulgarín, S. A., Suárez–Betancur, N., Vega, L. M. T., & López, H. M. H. (2021). Internet, social media and online hate speech. Systematic review. *Aggression and Violent Behavior, 58*, 101608. https://doi.org/10.1016/j.avb.2021.101608

Chen, V. H. H., & Wu, Y. (2015). Group identification as a mediator of the effect of players' anonymity on cheating in online games. *Behaviour & Information Technology, 34*(7), 658 – 667. https://doi.org/10.1080/0144929X.2013.843721

Crick, N. R., & Dodge, K. A. (1994). A review and reformulation of social information–processing mechanisms in children's social adjustment. *Psychological Bulletin, 115*, 74 – 101. https://doi.org/10.1037/0033–2909.115.1.74

Cross, D., Barnes, A., Papageorgiou, A., Hadwen, K., Hearn, L., & Lester, L. (2015). A social – ecological framework for understanding and reducing cyberbullying behaviours. *Aggression and Violent Behavior, 23*, 109 – 117. https://doi.org/10.1016/j.avb.2015.05.016

Culnan, M. J., & Markus, M. L. (1987). Informa– tion technologies. In F. M. Jablin, L. L. Putnam, K. H. Roberts, & L. W. Porter (Eds.), Handbook of organizational communication: An interdisciplinary perspective (pp. 421-443). Sage.

Epley, N., & Kruger, J. (2005). When what you type isn't what they read: The perseverance of stereotypes and expectancies over e–mail. *Journal of*

Experimental Social Psychology, 41(4), 414 – 422. https://doi.org/10.1016/
j.jesp.2004.08.005

Erdley, C. A., & Asher, S. R. (1996). Children's social goals and self−efficacy
perceptions as influences on their responses to ambiguous provocation. *Child
Development, 67*, 1329 – 1344. https://doi.org/10.2307/1131703

Fletcher, A., Fitzgerald−Yau, N., Jones, R., Allen, E., Viner, R. M., & Bonell, C.
(2014). Brief report: Cyberbullying perpetration and its associations with
socio−demographics, aggressive behaviour at school, and mental health
outcomes. *Journal of Adolescence, 37*(8), 1393 – 1398. https://doi.org/10.1016/
j.adolescence.2014.10.005

Jessor, R., & Jessor, S. L. (1977). *Problem behavior and psychosocial development: A
longitudinal study of youth.* San Diego, CA: Academic Press.

Kowalski, R. M., & Limber, S. P. (2013). Psychological, physical, and academic
correlates of cyberbullying and traditional bullying. *Journal of Adolescent
Health, 53*, S13 – S20. https://doi.org/10.1016/j.jadohealth.2012.09.018

LeBon, G. (1895). The crowd: A study of the popu− lar mind (1947, Trans.). Ernest
Benn.

Lee, E.−J. (2007). Deindividuation effects on group polarization in computer−
mediated communication: The role of group identification, public−self−
awareness, and perceived argument quality. *Journal of Communication, 57*(2),
385 – 403. https://doi.org/10.1111/j.1460−2466.2007.00348.x

Mondal, M., Silva, L. A., & Benevenuto, F. (2017). A measurement study of hate
speech in social media. *Proceedings of the 28th ACM Conference on Hypertext
and Social Media*, 85 – 94. https://doi.org/10.1145/3078714.3078723

Reicher, S. D., Spears, R., & Postmes, T. (1995). A social identity model of
deindividuation phenomena. *European Review of Social Psychology, 6*(1),
161 – 198. https://doi.org/10.1080/14792779443000049

Rimal, R. N., & Yilma, H. (2021). Descriptive, injunctive, and collective norms:
An expansion of the theory of normative social behavior (tnsb). *Health
Communication*, 1 – 8. https://doi.org/10.1080/10410236.2021.1902108

Rodríguez−Hidalgo, A. J., Solera, E., & Calmaestra, J. (2018). Psychological
predictors of cyberbullying according to ethnic−cultural origin in adolescents:
A national study in spain. *Journal of Cross-Cultural Psychology, 49*(10), 1506 –
1522. https://doi.org/10.1177/0022022118795283

Savage, M. W., & Tokunaga, R. S. (2017). Moving toward a theory: Testing an integrated model of cyberbullying perpetration, aggression, social skills, and Internet self-efficacy. *Computers in Human Behavior, 71*, 353 – 361. https://doi.org/10.1016/j.chb.2017.02.016

Strimbu, N., & O'Connell, M. (2021). Aggression and consistency of self in cybertrolling behavior. *Cyberpsychology, Behavior, and Social Networking, 24*, 536 – 542. https://doi.org/10.1089/cyber.2020.0424

Sutton, J., Smith, P. K., & Swettenham, J. (1999). Bullying and 'theory of mind': A critique of the 'social skills deficit' view of anti-social behaviour. *Social Development, 8*, 117 – 127. https://doi.org/10.1111/1467-9507.00083

Vandebosch, H., & Van Cleemput, K. (2009). Cyberbullying among youngsters: profiles of bullies and victims. *New Media & Society, 11*, 1349 – 1371. https://doi.org/10.1177/1461444809341263

Wachs, S., Mazzone, A., Milosevic, T., Wright, M. F., Blaya, C., Gámez-Guadix, M., & O'Higgins Norman, J. (2021). Online correlates of cyberhate involvement among young people from ten European countries: An application of the Routine Activity and Problem Behaviour Theory. *Computers in Human Behavior, 123*, 106872. https://doi.org/10.1016/j.chb.2021.106872

Wachs, S., Wright, M. F., & Vazsonyi, A. T. (2019). Understanding the overlap between cyberbullying and cyberhate perpetration: Moderating effects of toxic online disinhibition. *Criminal Behaviour and Mental Health, 29*(3), 179 – 188. https://doi.org/10.1002/cbm.2116

Walther, J. B. (2022). Social media and online hate. *Current Opinion in Psychology, 45*, 101298. https://doi.org/10.1016/j.copsyc.2021.12.010

Wang, Y., Shang, S., Xie, W., Hong, S., Liu, Z., & Su, Y. (2022). The relation between aggression and theory of mind in children: A meta-analysis. *Developmental Science.* https://doi.org/10.1111/desc.13310

Zhang, D., Huebner, E. S., & Tian, L. (2020). Longitudinal associations among neuroticism, depression, and cyberbullying in early adolescents. *Computers in Human Behavior, 112*, 106475. https://doi.org/10.1016/j.chb.2020.106475

02

목광수 (2017). 전지구화 시대에 적합한 책임 논의 모색: 토마스 포기와 아이리스 영의 논의를 넘어서. 〈철학사상문화〉, 25, 33–59.

신상규 (2017). 인공지능은 자율적 도덕행위자일 수 있는가?. 〈철학〉, 132, 265–292.

유용민 (2022). 인공지능 시대의 새로운 윤리학 모색 : 루치아노 플로리디의 정보윤리학을 중심으로. 〈커뮤니케이션 이론〉, 18권 2호, 5-51.

Coeckelbergh, M. (2014). The moral standing of machines: Towards a relational and non-Cartesian moral hermeneutics Philosophy & Technology, 27(1), 61-77.

Floridi, L. (2016). "Faultless responsibility: on the nature and allocation of moral responsibility for distributed moral actions." Philosophical Transactions of the Royal Society of London A Mathematical, Physical and Engineering Sciences.

Floridi, L. (2013). The Ethics of Information. Oxford: Oxford University Press.

Green, M. J. (2002). Institutional Responsibility for Global Problems. Philosophical Topics, 32(2), 79-95.

03

강준만 (2009). 〈미디어문화와 사회〉. 일진사.

안성진 (2015). 사이버불링의 개념과 특성. 안성진 외, 〈사이버불링의 이해와 대책〉, (pp. 9-34), 교육과학사.

조희정 (2013). 〈청소년 사이버 불링의 현황과 대책〉. 국회입법조사처 현안보고서 제457 호.

Chapin, J., & Coleman, G. (2017). The cycle of cyberbullying: Some experience required. The Social Science Journal, 54(3), 314-318.

Chen, L., Ho, S. S., & Lwin, M. O. (2017). A meta-analysis of factors predicting cyberbullying perpetration and victimization: From the social cognitive and media effects approach. New media & society, 19(8), 1194-1213.

Cudo, A., Toroj, M., Demczuk, M., & Francuz, P. (2020). Dysfunction of self-control in Facebook addiction: Impulsivity is the key. Psychiatric Quarterly, 91(1), 91-101.

Diamond, A. (2013). Executive functions. Annual Review of Psychology, 64, 135-168.

Eroglu, Y. (2016). Problematic internet use in university students: The predictive strength of relational-interdependent self-construal and impulsivity. Turkish Studies, 11(3), 1091-1114.

Farmer, L. S. (2010). Teaching Digital Citizenship. Department of Advanced Studies in Education and Counseling. California State of University.

Frison, E., & Eggermont, S. (2017). Browsing, posting, and liking on Instagram: The reciprocal relationships between different types of Instagram use and adolescents' depressed mood. Cyberpsychology, Behavior, and Social Networking,

20(10), 603−609.

Gámez−Guadix, M., Calvete, E., Orue, I., & Las Hayas, C. (2015). Problematic Internet use and problematic alcohol use from the cognitive – behavioral model: A longitudinal study among adolescents. *Addictive behaviors, 40,* 109−114.

Hinduja, S., & Patchin, J. W. (2010). Bullying, cyberbullying, and suicide. *Archives of Suicide Research, 14*(3), 206−221.

Jenkins, H. (2008). *Convergence culture: Where old and new media collide.* New York: New York University Press.

Livingstone, S. (2004) Media Literacy and the Challenge of New Information and Communication Technologies. *The Communication Review, 7*(1), 3−14.

Livingstone, S. (2014). Developing social media literacy: How children learn to interpret risky opportunities on social network sites. *Communications, 39*(3), 283−303.

Luke, C. (1989). *Pedagogy, printing, and protestantism: The discourse on childhood.* New York: State University of New York Press.

McLuhan, M. (1964). *Understanding media: the extensions of man* (1ˢᵗ ed.). New York: McGraw Hill.

Pantic, I. (2014). Online social networking and mental health. *Cyberpsychology, Behavior, and Social Networking, 17*(10), 652−657.

Rodriguez, M. G., Gummadi, K., & Schoelkopf, B. (2014, May). Quantifying information overload in social media and its impact on social contagions. In *Proceedings of the international AAAI conference on web and social media* (Vol. 8, No. 1, pp. 170-179).

Rothen, S., Briefer, J. F., Deleuze, J., Karila, L., Andreassen, C. S., Achab, S., ··· & Billieux, J. (2018). Disentangling the role of users' preferences and impulsivity traits in problematic Facebook use. *PloS one, 13*(9), e0201971.

Turel, O., & Qahri−Saremi, H. (2016). Problematic use of social networking sites: Antecedents and consequence from a dual system theory perspective. *Journal of Management Information Systems, 33*(4), 1087−1116.

Turkmen, M. (2016). Violence in animated feature films: Implications for children. *Educational Process: International Journal (EDUPIJ), 5*(1), 22−37.

Willard, N. E. (2007). *Cyberbullying and cyber threat: Responding to the challenge of online social aggression, threats, and distress.* Research Press.

04

김미경 (2019). 뉴스신뢰도, 뉴스관여도와 확증편향이 소셜 커뮤니케이션 행위에 미치는 영향: 가짜뉴스와 팩트뉴스 수용자 비교. 〈정치커뮤니케이션연구〉, 52호, 5-48.

김인식 · 김자미 (2021). 유튜브 알고리즘과 확증편향. 〈한국컴퓨터교육학회 학술발표대회논문집〉, 25권 1호(A), 71-74.

김여라 (2020). 제20대 국회의 허위조작정보 관련 입법 현황 및 쟁점. 〈NARS 현안분석〉, 144.

나은영 (2021). 〈감정과 미디어〉. 서울: 컬처룩.

문혜성 (2006). 미디어 교수법과 미디어 활용 교육 수업 설계. 김영순 외 (역). 〈미디어교육과 교수법〉 (1-27). 서울: 커뮤니케이션북스.

박윤미 (2022). 〈소셜 미디어 리터러시 교육 효과에 관한 연구: 청소년 대상 교육 프로그램 개발 및 시행을 중심으로〉. 서강대학교 일반대학원 박사학위 논문.

박윤미 · 김슬기 · 봉미선 (2022). 〈수요자 중심 미디어 리터러시 교육 추진 방안 연구〉 (역 2022-2). 서울: 시청자미디어재단.

변순용 (2022). 인공지능 윤리와 인공지능 윤리교육의 오늘과 내일. 〈인공지능 윤리확산을 위한 공개 정책 세미나 발제집〉 (7-23). 진천: 정보통신정책연구원.

손예희 · 김지연 (2019). 국어교육에서의 소셜 미디어 리터러시 연구. 〈독서연구〉, 51권, 43-64.

염정윤 · 정세훈 (2019). 가짜뉴스 노출과 전파에 영향을 미치는 요인: 성격, 뉴미디어 리터러시, 그리고 이용 동기. 〈한국언론학보〉, 63권 1호, 7-45.

오세욱 · 윤현옥 (2022). '미디어 리터러시'로 접근한 '알고리즘': '뉴스알고 (NewsAlgo)'사례를 중심으로. 〈방송통신연구〉 (2022년 특집호), 7-37.

이창형 (2020). AI와 미디어. 김광호 외 (편), 〈AI시대의 미디어〉 (143-184쪽). 서울: 북스타.

이현경 (2022). 인공지능 윤리교육 교재 개발: 인공지능 윤리기준 중심으로. 〈인공지능 윤리확산을 위한 공개 정책 세미나 발제집〉 (75-100). 진천: 정보통신정책연구원.

정현선 (2020). 인공지능 시대의 미디어 리터러시의 오래된 과제와 새로운 과제. 〈새국어교육〉, 125호, 7-37.

조병영 (2021). 〈읽는 인간 리터러시를 경험하라〉. 서울: 샘앤파커스.

추병완 (2021). 도덕 교과에서 미디어 리터러시 교육. 추병완 외 (편), 〈미디어 리터러시 교육의 이론과 실제〉 (11-75). 서울: 한국문화사.

최은창 (2021). 인공지능 위험인지의 차이와 거버넌스. 고학수 외 (편), 〈인공지능 윤리와 거버넌스⟩ (146-180쪽). 서울: 박영사.

편지윤 (2022). AI 알고리즘 기반 텍스트 환경에서 비판적 리터러시에 대한 단상. ⟨한 국어교육학회 학술발표논문집⟩, 205-227. UNESCO(www.unesco.org)

Aufderheide, P. & Firestone. (1993). *Media Literacy: A report/P. Aufderheide, C. Firestone.* Queenstown, MD: The Aspen Institute.

Bertot, J.C., Jaeger, P.T., & Grimes, J.M. (2010). Using ICTs to create a culture of transparency: E-government and social media as openness and anti-corruption tools for societies. *Government Information Quarterly, 27*(3), 264 - 271.

Bucher, E., Fieseler, C., & Suphan, A. (2013). The stress potential of social media in the workplace. *Information, Communication & Society, 16*(10), 1639 - 1667.

Buckingham, D., Banaji, S., Carr, D., Cranmer, S., & Willett, R. (2005). *The media literacy of children and young people: A review of the research literature.* OFCOM. https://discovery.ucl.ac.uk/id/eprint/10000145/1/ Buckinghammedialiteracy.pdf

Buckingham, D. (2019). The media education manifesto(1st ed.). Cambridge. 조연하 외 (역). (2019). ⟨미디어교육 선언⟩. 서울: 학이시습.

Farmer, L. (2011). *Digital citizen.* Retrieved from http://ecitizenship.csla.net.

Hobbs, R., & Frost, R. (2003). Measuring the acquisition of media-literacy skills. *Reading research quarterly, 38*(3), 330 - 355.

Hobbs, R. (2017). Create to learn: Introduction to digital literacy (1st ed.). John Wiley & Sons. 윤지원 (역). (2021). ⟨디지털·미디어 리터러시 수업⟩. 서울: 학이시습.

Jenkins, H. (2006). *Confronting the challenges of participatory culture: Media education for the 21st century.* White paper for the MacArthur Foundation.

Kietzmann, J. H., Hermkens, K., McCarthy, I. P., & Silvestre, B. S. (2011). Social media? Get serious! Understanding the functional building blocks of social media. *Business horizons, 54*(3), 241 - 251.

Leavis, F. R., & Thompson, D. (1933). *Culture and environment: The training of critical awareness.* Chatto & Windus.

Livingstone, S. (2004). What is media literacy? *Intermedia, 32*(3), 18-20.

Masterman, L. (1985). Teaching the Media. London: Comedia Pub. Ouirdi, M. E., El Ouirdi, A., Segers, J., & Henderickx, E. (2014). Social media conceptualization and taxonomy: A Lasswellian framework. *Journal of Creative Communications, 9*(2), 107-126.Group, p. 91.

Messaris, P. (1994). *Visual" literacy": Image, mind, and reality*. Westview Press.

Ribble, M. (2015) *Digital Citizenship in Schools: Nine Elements All Students Should Know*, 3rd ed. Oregon: International Society for Technology in Education.

Tandoc Jr, E. C., Yee, A. Z., Ong, J., Lee, J. C. B., Xu, D., Han, Z., Matthew, C. C. H., Ng, J. S. H. Y., Lim, C. M., Cheng, L. R. J., Cayabyab, M. Y. (2021). Developing a Perceived Social Media Literacy Scale: Evidence from Singapore. *International Journal of Communication, 15*, 2484–2505.

Thoman, E., & Jolls, T. (2008). *Literacy for the 21st Century: An Overview and Orientation Guide to Media Literacy Education*(2nd ed.). Theory CML MedicaLit Kit. Center for Media Literacy. https://www.medialit.org/sites/default/files/01a_mlkorientation_rev2_0.pdf

Webster, G. J. (2014). The marketplace of attention: How audiences takes shape in a digital age. MIT Press Direct. 백영민 (역). (2016). 〈관심의 시장: 디지털 시대 수용자의 관심은 어떻게 형성되나〉, 서울: 커뮤니케이션북스.

05

정현선 (2021). 디지털 환경의 어린이 권리와 부모 미디어 리터러시 교육의 과제. 열린부모교육학회 정기학술대회, 25, 11–34.

American Psychological Association (2019). *Digital Guidelines: Promoting Healthy Techonology Use for Children.* https://gdc.unicef.org/resource/digital–guidelines–promoting–healthy–technology–use–children (검색일자: 2023. 3. 10.)

Austin, E. W., Roberts, D. F., & Nass, C. I. (1990). Influences of family communication on children's television–interpretation processes. *Communication Research, 17*(4), 545–564.

Barnes, R., & Potter, A. (2021). Sharenting and parents' digital literacy: an agenda for future research. *Communication research and practice, 7*(1), 6–20.

Beck, R. J., & Wood, D. (1993). The dialogic socialization of aggression in a family's court of reason and inquiry. *Discourse Processes, 16*(3), 341–362.

Clark, L. S. (2011). Parental mediation theory for the digital age. *Communication Theory, 21*(4), 323–343.

Eastin, M. S., Greenberg, B. S., & Hofschire, L. (2006). Parenting the internet. *Journal of communication, 56*(3), 486–504.

Livingstone, S. (2020). Digital by default: the new normal of family life under

COVID−19. *Parenting for a Digital Future.*

Livingstone, S., & Helsper, E. J. (2008). Parental mediation of children's internet use. *Journal of Broadcasting & Electronic Media, 52*(4), 581−599.

Nathanson, A. I. (1998). *The immediate and cumulative effects of television mediation on children's aggression.* The University of Wisconsin−Madison.

Nathanson, A. I. (2002). The unintended effects of parental mediation of television on adolescents. *Media Psychology, 4*(3), 207−230.

Valkenburg, P. M., Krcmar, M., Peeters, A. L., & Marseille, N. M. (1999). Developing a scale to assess three styles of television mediation: "Instructive mediation," "restrictive mediation," and "social coviewing". *Journal of broadcasting & electronic media, 43*(1), 52−66.

Willett, R. J. (2015). The discursive construction of 'good parenting'and digital media – the case of children's virtual world games. *Media, Culture & Society, 37*(7), 1060−1075.

06

강준만 (2016). 왜 부모를 잘 둔 것도 능력이 되었나?: '능력주의 커뮤니케이션'의 심리적 기제. 〈사회과학연구〉, 55권 2호, 319−355.

김동춘 (2022). 시험능력주의: 한국형 능력주의는 어떻게 불평등을 강화하는가. 〈창비〉.

김민정 (2014). 일베식 "욕"의 법적 규제에 대하여: 온라인상에서의 혐오 표현에 대한 개념적 고찰. 〈언론과법〉, 13권 2호, 131−163.

김수아 (2015). 온라인상의 여성 혐오 표현. 〈페미니즘 연구〉, 15권 2호, 279−317.

김지희 (2021). 한국 사회 의견지도자 인식과 메시지 설득력, 의견지도자의 유형별 차이. 〈한국언론학보〉, 65권 2호, 41−74.

김현철, 서은경 (2018). 소득계층별 사교육비 지출격차 추이분석. 〈교육학연구〉, 56권 1호, 133−153.

박도형 (2014). 온라인 커뮤니티 특성, 커뮤니티 멤버 특성, 개인 특성이 잠복관찰 활동에 미치는 영향: 왜 사람들은 쓰지 않고 읽기만 하는가?. 〈인터넷정보학회논문지〉, 15권 1호, 73−88.

박승호 (2019). 혐오표현의 개념과 규제방법. 〈법학논총〉, 31권 3호, 45−88.

안문영, 추준석 (2017). 전국단위 학력평가 성적 차이가 아파트 가격에 미치는 영향 – 울산광역시 사례 –. 〈부동산연구〉, 27권 4호, 63−76.

양혜승 (2018). 포털과 지역혐오: 네이버 범죄뉴스의 지역혐오댓글에 대한 내용분석.

〈한국언론학보〉, 62권 6호, 7−36.

이종임, 박진우, 이선민 (2021). 청년 세대의 분노와 혐오 표현의 탄생: 온라인 커뮤니티 〈에브리타임〉의 '혐오−언어'표현 실태분석을 중심으로. 〈방송과 커뮤니케이션〉, 22권 2호, 5−37.

이주영 (2015). 혐오표현에 대한 국제인권법적 고찰: 증오선동을 중심으로. 〈국제법학회논총〉, 60권 3호, 195−227.

이준웅, 김은미, 김현석 (2007). 누가 인터넷 토론에서 영향력을 행사하는가?: 온라인 의견지도자의 속성. 〈한국언론학보〉, 51권 3호, 358−384.

장은주 (2021). 공정의 배신 : 능력주의에 갇힌 한국의 공정. 피어나.

정희진, 조아미 (2021). 온라인 성별 혐오표현에 관한 연구−청소년이 사용하는 '김치녀'키워드를 중심으로. 〈미래청소년학회지〉, 18권 2호, 65−91.

최유숙 (2019). 대학생 커뮤니티의 혐오표현 양상: C 대학 에브리타임 핫게시물을 중심으로. 〈교양학연구〉, 10호, 33−53.

최종선 (2018). 국내외 혐오표현 규제 법제 및 그 시사점에 관한 연구. 〈법학논총〉, 35권 3호, 33−57.

홍성수 (2015). 혐오표현의 규제: 표현의 자유와 소수자 보호를 위한 규제대안의 모색. 〈법과사회〉, 50호, 287−336.

Dahlgren, P. (2009). *Media and political engagement* (Vol. 551). Cambridge: Cambridge University Press.

07

강재구 · 장예지 (2021, 12, 7). 남초 커뮤니티에서 '화살촉', 어떻게 백래시 '승리 공식' 만들었나. 〈한겨레〉. URA: https://www.hani.co.kr/arti/society/society_general/1022240.html

고동욱 (2021, 4, 8). '文지지' 이남자, 朴밀었던 40대男 · 20대女와 대비. 〈연합뉴스〉. URA: https://www.yna.co.kr/view/AKR20210408074251001

김동규 (2021, 4, 9). 서울시장 선거 주도한 20대 남성 "민주당은 말이지" 〈오마이뉴스〉. URA: http://www.ohmynews.com/NWS_Web/View/at_pg.aspx?CNTN_CD=A0002733913

김수아 (2017). 남성 중심 온라인 커뮤니티에서의 페미니즘 주제 토론 가능성: '역차별' 담론 분석을 중심으로. 〈미디어, 젠더 & 문화〉, 제32권 3호, 5−45.

김아사 (2019, 1, 5). [아무튼, 주말] 이대남의 항변 "우리를 여성 혐오자라고 착각하지 마라" 〈조선일보〉. URA: https://www.chosun.com/site/data/html_dir/2019/01/04/2019010401532.html

박지혜 (2021, 12, 9). '펨코'서 쫓겨났던 김남국 "진짜 이재명 맞다"…살벌한 베댓. 〈이데일리〉. URA: https://www.edaily.co.kr/news/read?newsId=03037286629276880&mediaCodeNo=257&OutLnkChk=Y

박태근 (2021, 4, 8). 오세훈 당선 일등공신 '20대 남'…72.5% 압도적 지지. 〈동아일보〉. URA: https://www.donga.com/news/Politics/article/all/20210408/106304461/2

손국희 (2021, 4, 8). 뭇에 간 '이남자' 朴에 기운 '이여자'…文정부서 갈라진 20대. 〈중앙일보〉. URA: https://www.joongang.co.kr/article/24031112#home

이지혜 (2021, 4, 7). 엇갈린 20대 표심…'남성은 오세훈' '여성은 박영선'지지. 〈한겨레〉. URA: https://www.hani.co.kr/arti/politics/assembly/990085.html

정원규 (2022). 공정 개념의 철학적 재구성: 정의, 평등, 공평과 구분 가능한 공정의 의미 탐색. 〈윤리학〉, 제11권 1호, 1-23.

정진우 (2020, 9, 19). [전문] 文대통령 "여전히 불공정하다는 청년 분노…성찰의 계기". 〈머니투데이〉. URA: https://news.mt.co.kr/mtview.php?no=2020091910517665547

천관율 · 정한울 (2019). 〈20대 남자〉. 서울: 시사IN북.

최종숙 (2020). '20대 남성 현상' 다시 보기: 20대와 3040세대의 이념성향과 젠더의식 비교를 중심으로. 〈경제와 사회〉, 제125권, 189-224.

KBS(2021, 6, 24). KBS 세대인식 집중조사③ '이대남' '이대녀'론의 실체. URA: https://news.kbs.co.kr/news/view.do?ncd=5217567

한국언론진흥재단 미디어연구센터(2022, 3, 23). 이대남 현상에 대한 인식. 〈Media Issue〉, 제8권 2호, 1-18.

Courtial, J.P. (1994). "A co-word analysis for Scientometrics", Scientometrics. 31(3). pp.251~260.

08

국가인권위원회 (2021). 〈온라인 혐오표현 인식조사〉, 서울: 국가인권위원회.

김경희 · 조연하 · 배진아 (2020). 인터넷 혐오 표현 대응방안에 관한 탐색적 연구: 노출경험 사례 및 전문가 심층인터뷰 분석을 중심으로. 〈한국콘텐츠학회논문지〉, 20권 2호, 499-510.

김수아 · 김민정 · 이동후 · 홍성일 (2020). 온라인 혐오 표현 규제 쟁점과 대안: 규제기관담당자, 시민단체활동가, 연구자 및 피해 경험자 심층 면접을 중심으로. 〈한국언론정보학보〉, 101권, 203-230.

배병렬 (2017). 〈Amos 24 구조방정식모델링〉, 서울: 청람.

양혜승 (2018). 포털과 지역혐오: 네이버 범죄뉴스의 지역 혐오 댓글에 대한 내용분석. 〈한국언론학보〉, 62권 2호, 7-36.

임영식 · 정경은 (2019). 청소년 디지털 시민성 척도 개발. 〈청소년학연구〉, 26권 9호, 495-522.

임인재 · 이세영 · 금희조 (2022). 온라인 반시민성에 대한 척도 개발 연구. 〈한국언론정보학보〉, 116호, 215-249.

자크 아탈리 (2022). 〈미디어의 역사: 연기 신호에서 SNS까지, 오늘까지의 매체와 그 미래〉. 서울: 책과 함께.

조인숙 · 김도연 (2020). 은밀하고 모호하게 차별하기: 조선족 관련 미디어 이용, 조선족 이미지 혐오가 암묵적 차별 행위에 미치는 영향. 〈방송과 커뮤니케이션〉, 21권 2호, 5-37.

함승경 · 최지명 · 김영욱 (2019). 언론 보도의 여성 혐오 그리고 남성 혐오 분석: 언어 네트워크와 비판적 담론 분석의 결합. 〈홍보학 연구〉, 23권 6호, 24-51.

한국청소년정책연구원 (2022). 〈청소년 미디어 이용 실태 및 대상별 정책대응방안 연구 Ⅱ〉. 서울: 한국청소년정책연구원.

한국언론진흥재단 (2021). 〈2021년 소셜 미디어 이용자 조사〉. 서울: 한국언론진흥재단.

홍주현 · 나은경 (2016). 온라인 혐오 표현의 확산 네트워크 분석. 〈한국언론학보〉, 60권 5호, 145-175.

Chen, G. M. (2017). Online incivility and public debate: Nasty talks. Springer.

Coe, K., Kenski, K., & Rains, S. A. (2014). Online and uncivil? Patterns and determinants of incivility in newspaper website comments. *Journal of Communication, 64*(4), 658-679.

Festl, R., Scharkow, M., & Quandt, T. (2015). The individual or the group: A multilevel analysis of cyberbullying in school classes. *Human Communication Research, 41*(4), 535-556.

Frischlich, L., Schatto-Eckrodt, T., Boberg, S., & Wintterlin, F. (2021). Roots of incivility: How personality, media use, and online experiences shape uncivil participation. *Media & Communication, 9*(1), 195-208.

Kenski, K., Coe, K., & Rains, S. A. (2020). Perceptions of uncivil discourse online: An examination of types and predictors. *Communication Research, 47*(6), 795-814.

Muddiman, A. (2017). Personal and public levels of political incivility. *International Journal of Communication, 11*, 3182-3202.

Papacharissi, Z. (2004). Democracy online: Civility politeness, and the democratic potential of online political discussion groups. *New Media & Society, 6*(2), 259–283.

Quandt, T. (2018). Dark participation. *Media & Communication, 6*(4), 36–48.

Rossini, P. (2020). Beyond incivility: Understanding patterns of uncivil and intolerant discourse in online political talk. *Communication Research, 49*(3), 399–425.

Sydnor, E. (2019). *Disrespectful democracy: The psychology of political incivility.* Columbia University Press.

Sobieraj, S., & Berry, J. M. (2011). From incivility to outrage: Political discourse in blogs, talk radio, and cable news. *Political Communication, 28*, 19–41.

Theocharis, Y., Barberá, P., Fazekas, Z., & Popa, S. A. (2020). The dynamics of political incivility on Twitter. *Sage Open, 10*(2), 2158244020919447.

Tokunaga, R. S. (2010). Following you home from school: A critical review and synthesis of research on cyberbullying victimization. *Computers in Human Behavior, 26*(3), 277–287.

디지털 혐오와 시민성
이론과 사례

초판 1쇄 인쇄 2023년 8월 28일
초판 1쇄 발행 2023년 8월 31일

지은이 금희조, 정민웅, 유용민, 박현지, 박윤미, 김소영, 김선아·김지희·라유빈·민웅기, 김선영, 임인재
펴낸이 유지범
책임편집 신철호
편집 현상철·구남희
마케팅 박정수·김지현

펴낸곳 성균관대학교 출판부
등록 1975년 5월 21일 제1975-9호
주소 03063 서울특별시 종로구 성균관로 25-2
대표전화 (02)760-1253~4
팩시밀리 (02)762-7452
홈페이지 press.skku.edu

ISBN 979-11-5550-599-1 93300